AF194911

LYA-LoveYouAll

SPIEGLEIN an der WAND!
Was ist Love ?

Bibliografische Information der Deutschen Nationalbibliothek:
Die Deutsche Nationalbibliothek verzeichnet diese Publikation in der
Deutschen Nationalbibliografie; detaillierte bibliografische Daten sind
im Internet über http://dnb.dnb.de abrufbar.

© 2022 LYA-LoveYouAll

Herstellung und Verlag: BoD – Books on Demand, Norderstedt

ISBN: 9783756221967

Kapitel 1

Dies ist das erste Buch in meinem Leben als Mensch! Ich bin aktuell 43 biologische Jahre! Ich bin vom Geschlecht her ein Mann aber wissen wir eigentlich ob unsere Seele ein Geschlecht hat was wir biologisch als männlich oder weiblich bezeichnen? Aber dies ist eine andere Frage für eventuell ein neues Buch! Es soll einfach erst einmal nur der Information halber dienen und wissen wir am Ende überhaupt ob wahre Liebe zu Eltern oder Freunden und auch Tieren egal ob das Geschlecht männlich oder weiblich ist. Wahre Liebe ist niemals zu verglichen mit biologischer Sexualität oder Geschlecht!

Warum schreibe ich nun eigentlich mit 43 Jahren so spät?

Naja! Man sagt ja „Besser spät als Nie" oder besser spät die wahre Liebe zu finden als Niemals und vielleicht nicht mehr blind zu sein um zu erkennen, dass einer uns doch eventuell mit Liebe erschaffen hat!

Wissen wir überhaupt wie alt unsere Seele ist oder überhaupt was in uns ist? Nicht unser biologisches Gehirn oder alles was uns ausmacht wie unser Charakter oder Gefühle und Emotionen!

Können wir uns erinnern, nachdem wir am Morgen aufgestanden sind, über unsere Träume, welche wir in der Nacht hatten oder können wir unsere Träume mit unserem Bewusstsein beeinflussen mit freiem Willen oder Träumen was wir wollen?

In unserer sogenannten Realität können wir immer noch entscheiden was wir tun!

Ein Drittel unseres menschlichen Lebens schlafen oder träumen wir und nicht in der Realität!

Vielleicht ist da doch etwas anderes als nur diese sogenannte Materielle Realität vielleicht eine sogenannte spirituelle Realität!

Nach all den Jahren bin ich nun zum Punkt gekommen, einige sehr schlaue und intelligente Menschen welche so viel studiert haben mit vielen Diplomen und Titeln, würden sagen oder diagnostizieren ich bin in einer Midlife Krise oder depressiv oder traurig und alleine!

Ich sage einfach nur ich bin sehr lange Zeit alleine ohne eine wahre Liebe von einer Frau jäh gehabt zu haben was ich schon immer wünschte!

Und in meinem Leben immer noch bis jetzt bin ich auf der Suche nach wahre und ehrliche Liebe seitens Freunde oder in einer Partnerschaft!

Weil ich immer noch wie in der Vergangenheit Lügen von allem am meisten hasse!

Und wenn ich selbst ehrlich bin? Ja! Ich selbst auch war oft nicht immer ehrlich zu anderen und auch zu mir selbst! Und nach so vielen Jahren ist keiner 100 Prozent perfekt! Ich denke am Ende oder eines Tages ist es einfach nur sinnvoll von vielen verschiedenen früheren Fehlern oder Sünden oder anderes einfach nur daraus zu lernen nich haben wir freien Willen! Nicht in jeder Nation oder System oder Glauben!

Aber in unser DNA als Mensch haben wir die Möglichkeit! Und wenn wir niemals Fehler machen oder Sünden begehen? Wenn wir niemals fallen?

Würden wir überhaupt in der Lage sein oder unsere Seele am Ende, dieser Zeit unseres Seelen Lebens, begreifen was gut oder was war eventuell schlecht oder was unsere Seele Angst einjagt, in Furcht versetzt oder traurig macht oder schlecht.

Was noch wichtiger ist was wir anderen Seelen angetan haben, wenn wir Sie traurig oder in Herz Schmerz oder Furcht oder Angst versetzen!

Aber das ist das Spiel des Lebens! Und ich denke am Ende muss jede einzelne Person oder Seele einfach lernen nach vielen guten und noch viele mehr schlechten Erfahrungen und Fehlern oder Sünden einfach begreifen für einen selbst, welchen Weg man geht oder glaubt oder im Job oder Freunde oder auch in der Partnerschaft wie Ehefrau oder Ehemann!

Und als wir jung waren zu Schulzeiten und wir jeden Tag Hausaufgaben nach der Schule von unseren Lehrern? Ja! Wir hatten einige gemacht oder alle! Aber ehrlich! Ich hatte nie jedesmal oder jeden Tag alle Hausaufgaben nach der Schule gemacht! Öfters hatte ich diese nicht gemacht oder im Bus vor der Schule von einem anderen abgeschrieben und nur mittelmäßig, da man ja nicht viel Zeit hatte um diese perfekt zu machen!

Wie in unserem menschlichen Leben! Wir haben niemals genug Zeit perfekt zu werden aber am Ende des Schuljahres muss jeder einzelne den Test oder die Prüfung schreiben! Und dann ist keiner von dem wir abschreiben können! Wir sind dann alle Alleine in der Prüfung nach dem Schuljahr wie unsere Seele nach unserem biologischen Tod unseres Körpers!

Und dann ist es wichtig, dass jeder einzelne in unserer Seele den Test macht und den Schlüssel für die nächste Klasse erhält! Und keiner hat perfekt zu sein oder immer nur beste Noten oder einfach gesagt ohne Fehler oder Sünden zu bestehen!

Aber wir müssen vorsichtig sein, dass wir wenn wir den Schlüssel für die nächste Klasse bekommen wollen besser als das letzte Drittel sein müssen!

Oder einfach gesagt den Mittelweg oder mittlere Punkte oder Noten! Das reicht aus um den Schlüssel für die nächste Dimension oder Schulklasse des Lebens zu erhalten! und ebenfalls haben wir werde Lehrer oder Eltern oder sogenannte Freunde, welchen den test für uns erledigen werden! Denn in einem test sind wir immer alleine nur unser Verstand und unsere Seele! keiner kann und wird uns jemals helfen! Wie nach dem Tode sind wir alleine wie vor einem Test!

Und dann wird jeder erfahren was eventuell die Wahrheit ist oder was die Lehrer uns gute oder falsche Lehren gelehrt hatten! Ebenso kann man nach dem Tode nicht mit Geld oder manipulierten Tests den Schlüssel erkaufen oder alles andere!

Denn wir alle wissen in der spirituellen Dimension oder in der wahren Liebe kostet niemals Geld oder man kann dies erkaufen wie materielle Dinge existieren nicht mehr!

Und dann sind wir einfach alleine und haben alle unsere Erfahrungen die wir gemacht haben und auch gute und schlechte Taten und Gedanken und vieles mehr!

Aber ich denke ein Lehrer oder Trainer oder vielleicht ein Schöpfer würde uns niemals fallen lassen wenn wir wahrhaftig und ehrlich waren und wir unsere Hausaufgaben und Erfahrungen mit wahrer und ehrlicher Seele und Herz gemacht haben und wir am Ende über 50 Prozent sind!

Aber immer wahrhaftig und ehrlich! Und man kann auch zu einem Lehrer sagen es tut mir Leid ich habe manchmal die Hausaufgaben von einem anderen abgeschrieben oder gar nicht gemacht! Ehrlichkeit bewährt sich immer am Ende frei nach einem Witz:

„ Entschuldigung Herr Lehrer! Eine Frage! Kann man für etwas bestraft werden, was man dies nicht gemacht hat? Daraufhin sagte der Lehrer! Nein Samael! Warum? Samael antwortete: Ich habe meine Hausaufgaben nicht gemacht! Grosses Gelächter in der Klasse! :)"

Wahrhaftig und Ehrlich! Weil am Ende ist es besser als wenn man gelogen hat oder abgeschrieben hat und am Ende des Jahres man die Prüfung nicht besteht und dann das Schuljahr oder ein neues Leben auf der Erde wiederholen muss!

Aber die guten Nachrichten sind! Jedermann kann immer noch machen und frei wählen was er will! Vielleicht eines Tages nicht mehr wir wissen es nicht!

So zurück nun warum ich mich entschieden hatte ein Buch oder meine Geschichte zu schreiben!

Als ich ein kleiner Junge war und eigentlich bin ich es in meinem Verstand immer noch. Ich liebe es mehr wie ein Kind zu sein als so viele von den so älteren oder mit Weisheit behafteten Menschen die das immer von sich Denken und Glauben!

Bis heute kann ich nicht aufhören in meinem Verstand über alles immer nachzudenken!

Zum Beispiel als wir im Urlaub waren und am Strand gelegen hatten in der Sonne! Ich hatte mir immer die anderem Leute angeschaut welche sich einfach nur relaxen wollten! Das is in Ordnung! Aber meistens so nach einer maximal 2 Stunden nur in der Sonne herum Liegen und einfach nur das die Haut gebräunt wird? Hmm! Mir wurde immer sehr schnell langweilig!

Dann bin ich ins Wasser schwimmen gegangen! Wow! das war immer so viel Spass und spannend! Und auch oft so viele Male diese verschiedenen Fische oder Quallen oder kleine Krebse! Ich habe es geliebt!

Nachdem ich eine Stunde schwimmen war in dem schönen kalten und salzigen Wasser nach der heissen Sonne bin ich zurück an den Stand und sah andere immer noch einfach nur in der Sonne baden und noch mehr Oil für mehr braune Haut auf Ihren Körper, weil es ja modern oder Trend ist, eine braune Haut von der Sonne zubekommen!

In vergangenen Zeiten war es Inn eine weisse Hautfarbe zu haben und viele sind mit einem Sonnenschirm raus um keine Sonne abzubekommen oder keine braune Haut!

Was ist eigentlich Inn oder Trend es ändert sich ja immer! Warum? Ich denke wie eine Mahlzeit! Wenn man immer das selbe bekommt wird einem schnell langweilig! Ebenfalls wie mit Mode oder viele andere materiellen Dinge!

Und wenn dann die Schule nach den Sommerferien wieder angefangen hatte? Ja! Alle Klassenkameraden schauten dann immer wie gebräunt unsere Haut war und wo und wie weit in welchen Land man Urlaub gemacht hatte!

Sie haben dann gedacht man ist wie ein Rockstar oder ein besserer Mensch als andere dessen Eltern nicht so viel Geld hatten für teure Urlaube wie so viele Kinder, welche niemals die Möglichkeit hatten, in den Sommerferien Urlaub weit weg von Zuhause in der Sonne und am Stand in einem 5 Sterne Hotel All Inklusive zu machen! Diese sind wie in einem Flugzeug! 2. Klasse Passagiere! Aber ist in Ordnung! Weil wir immer von Beginn an unseres Lebens gelehrt bekommen!

Sei gut in der Schule und gehe studieren und dann bekommst Du eines Tages einen guten Job und viel Geld!

Ja viele haben es versucht und auch viele geschafft! Viele haben es nicht geschafft oder hatten bis heute immer noch nicht jemals die Möglichkeit in eine Schule zu gehen oder zu studieren in einer Universität!

Ja dieses System in dem wir leben ist nicht Neu! Ebenso tausende Jahre zuvor das gleiche! Ist man in eine reiche oder arme Familie geboren! Ja! Interessant! Warum?

Wir alle haben die selbe DNA sind alle Menschen genannt „Homo Sapiens"! So warum haben dann nicht alle Kinder des Planeten Erde von Anfang an die gleichen Chancen! Wirklich unglaublich!

Aber jedesmal denken wir immer wir Alleine können eh nichts ändern! Oh Ja! Nichts! Aber vielleicht erinnern wir uns alle mal wieder in der Vergangenheit, wenn viele Menschen immer so gedacht hätten wie wir es tun? Ja!

Wir würden immer noch in den Monarchien leben und niemals wie seit der Französischen Revolution mit den Werten Gleichheit, Brüderlichkeit und Freiheit!

Oder vielleicht wenn wir uns die schönen Pyramiden in Ägypten anschauen, welche immer noch stehen, Und wenn man in der Vergangenheit kein Pharao oder Mitarbeiter deren war, wie zum Beispiel einige Sklaven welche diese bauten mussten! Nicht alle waren Sklaven!

Im Endeffekt sind wir heute zu Tage mehr Sklaven wie in der Vergangenheit welche die Pyramiden erbauten mussten! Warum? Weil diese nach harter Arbeit mit ihren Händen abends in den Schlaf gefallen sind ohne gross nachzudenken wie sie die nächste Rechnung oder Miete bezahlen sollen am Ende des Monats! Aber ja! Auch sehr schlecht! Sie hatten alle Angst ums überleben und alle ihre Familienmitglieder und Kinder wie sie überleben sollten und nicht angegriffen und bestraft oder getötet wurden!

Wir denken heute zu Tage, dass wir Frei sind oder besser gesagt wir leben in einer so genannten demokratischen Nation! Aber leben wir wirklich in einer freien Nation oder am Ende existiert freier Wille. Ich nenne keine Namen von Nationen oder Gesellschaften, aber Ihr alle wisst wovon ich spreche!

Aber ich weis genau! Meistens ist es immer einfacher abends nach anstrengender Arbeit ein Bier zu trinken und die Frau macht etwas zu Essen und auch Sport and dann eventuell noch einen Blowjob:) Dann sind über 80 Prozent glücklich!

Aber es ist in Ordnung! Weil der Mensch ist ein Gewohnheitstier und gewöhnt sich nach einer Weile and viele Dinge! Und ebenfalls was uns nicht umbringt? Sagt man macht uns stärker!

Aber ist dies richtig? Ich denke nicht so!

Aber mit dem Sardinen Schwarm schwimmen ist ja leichter als dagegen! Vielleicht eines Tages heisst es nicht mehr gegen den Sardinen Schwarm zu Schwimmern, weil Roboter benötigen nur Öl und Inspektion und kein Fisch oder Wasser!

Wieder, warum schreibe ich ein Buch? Als Kind oder in der Schulzeit habe ich dicke Bücher mit vielen Seiten gehasst!

Eigentlich habe ich Bücher nie geliebt! Weil wenn ich am Anfang nur ein Buch sah? Ja! Ich war erschreckt und direkt gelangweilt! Warum alleine da sitzen mit einem buch was ein anderer geschrieben hatte!

Aber als Schuljunge mussten wir viel lesen ansonsten hätte es schlechte Noten gegeben!

Nach der Schule hatte ich es immer geliebt viele Stunden mit meinen Kumpels raus zu gehen um zu speilen oder mit dem Fahrrad in die Natur! Wow! Ich liebte es und vermisse die Zeiten so viel Spaß und wir waren Frei!

Ja manchmal wünschte ich mir ich wäre wieder ein Kind!

Eigentlich wäre ich lieber für immer ein kleiner Junge mein ganzes Leben lang als ein großer älterer Mann, der einfach nur arbeitet oder Geld verdient oder etwas anderes!

Aber wir alle wissen es ist nicht unsere Biologie oder der Plan für uns wir wissen es nicht! Warum? Weil wie in der Mathematik! Wir haben viele Formeln! Aber am Ende? Ja! Wir haben oft in der Physik oder Astronomie nach so vielen Jahren und so intelligenten Lehrern jedesmal etwas neues gelernt was wir davor nicht wussten!

Also ein Buch lesen und sich Wissen aneignen ist in Ordnung! Aber am Ende? Ist es wichtig oder sagen wir einfach mal zählt es am Ende unseres menschlichen Lebens, dass wir immer Mehr und Mehr und Besser oder Anderes einfach nur Wissen gelernt zu bekommen und was ist der Unterscheid dann zur Weisheit?

Weisheit können wir niemals gelehrt bekommen oder von anderen lernen!

Weil Weisheit in unserer Seele können wir Tag für Tag Stufe für Stufe jeden Tag in dieser Zeit Dimension als Mensch mehr und mehr erfahren!

Und nur wenn wir jede Seele alleine seine eigenen Erfahrungen macht in unserer Lebenszeit gute schlechte und sagen wir einfach mal normale Erfahrungen!

Und wenn wir niemals unsere eigene Erfahrungen sammeln und viel wichtiger unsere eigenen Gefühle und Emotionen in unserem Herz oder besser gesagt Seele machen! Ich denke keiner wird dann den Schlüssel oder die nächste Stufe der Klasse unseres Seelenlebens erhalten!

Und immer wieder wie in der Vergangenheit so viele wie heute zu Tage immer noch denken einfach das die eigene Seele glücklich oder zufrieden sein muss! Ist In Ordnung! Aber wie erreicht man das zu Lebzeiten denn das menschliche Leben ist kurz! Vielleicht 70 bis 100 Jahre?

So besser ist es früher richtig glücklich zu werden als später oder zufrieden! Aber wie nochmal? Einfach nur einen guten Job viel Geld ein großes Haus oder Villa und eine Yacht? Oder ein Porsche oder Sportwagen oder designer Klamotten oder eine Rolex oder eine designer Handtasche oder sexy Unterwäsche? Hmmm!

Das ist immer noch die Frage!

Ja keine Antwort oder Schlüssel! Weil wenn wir wüssten würden wie das Ende wäre warum sollten wir dann noch irgendetwas tun?

Wenn wir das Ende eine Kinofilm wüssten, dann würden wir von Anfang an wenn wir den Film anschauen dies niemals so Spass oder aufregend sein wie von Beginn an unseres Seele wenn wir immer nur Glück und glücklich sind oder am wichtigsten von Beginn an wahre Liebe?

Wenn man im Leben niemals nichts zu essen hatte? Wenn man niemals gefallen ist? Wenn man niemals auch nur eine Sekunde Herz Schmerz oder Liebeskummer oder andere nicht schöne Emotionen und Gefühle in unserem Herz oder Seele erfahren hätten? Ja!

Dann würden wir niemals zu einer Zeit begreifen oder einfach nur Zufriedenheit empfinden können wenn wir niemals die Gegensätze oder andere Gefühle oder am Ende würde unsere Seele niemals wahre und ehrliche Liebe erkennen können!

Liebe kann man nie beeinflussen oder manipulieren oder kaufen mit materiellen Dingen oder Geschenken oder sagen wir einfach mit Geld oder Gold oder Diamanten oder Perlen!

Ja ich weiß! Reden ist leicht aber Taten sind nicht einfach oder eher sehr schwer!

ich kann reden wie eine Schlange wie eine schwarze Cobra sehr viel und auch ein wenig intelligent wenn ich möchte!

Aber nach so langer Zeit bin ich wirklich nicht stolz auf mich selbst und meiner Vergangenheit!

Denn ich denke das Reden eines süßen Lamm einfach nur mit Liebe für Alle ist viel schöner! Manche mögen das Tier manche anderen können frei wählen!

Aber falls die Menschen wieder sich nicht kümmern und töten und auch zerstören den Planet Erde und das Klima und die Oziane und Bäume? Ja!

Eines Tages sind wir alleine und keine Tiere mehr oder eine gesunde Natur oder Luft und Wasser!

Weil wir „Homo Sapiens" haben nicht nur die Tiere und die Natur getötet ebenfalls auch unsere eigene Spezies unsere Brüder und Schwestern auf dem Planeten Erde!

Und wenn wir mal das Ganze von der Vogelperspektive oder aus dem Weltall betrachten? Ja! Wir sind einfach nur ein winziger Punkt genannt Planet Erde in einem sehr sehr großen Weltall oder unsere Galaxie gennant Michstrasse!

Wie an einem Strand ein Sandkorn im großen Strand oder Wie ein Tropfen in einem Ozean! Und Ja ich weiss! Wir Spezies Mensch denken immer noch wir sind einfach alleine in diesem Universum und wir sind besser als alle Tiere und die sind dumm und nur das wir sie essen da!

Und wir sind die intelligentesten im ganzen Universum und auch die stärksten! Ja wir „Homo Sapiens" denken immer noch wir sind die letzten und besten von Allen!

Und nachdem wir wir hier auf Planet Erde alles zerstört haben? No Problemo! Wir fliegen auf den Mars oder woanders! Hmmm! Ist in Ordnung diese Ansichtsweise!

Lasst uns alle einfach wie damals immer nur die Alphas sein! Omega zu sein ich weis ist ja langweilig und nicht interessant in unserer Gesellschaft wir bekommen ja mehr Respekt wenn wir Alphas sind!

Aber vielleicht ist ja doch so etwas wie ein Gott oder Schöpfer über oder unter uns? Hmmm! Nur vielleicht! Wir wissen es nicht! Keiner! Es kam keiner zurück bis jetzt!

Weil wie bereits erwähnt wenn wir das Ende des Films kennen und wir eines Tages sterben oder besser gesagt unser materieller Körper in Fleisch und Blut!

Und vielleicht werden ja wirklich dann die Ersten die Letzen sein oder die Omegas werden die Alphas dann sein!

Vergesst Niemals! Geld und materielle Dinge und alle die immer noch die Ersten und Alphas spielen!

Noch haben wir freien Willen und Wahl jeder!

In der Schule hatte ich immer in der mittleren Reihe gesessen und niemals in der ersten Reihe direct vor dem Lehrer!

Wenn man in der ersten Reihe immer sitzt vor den Augen des Lehrers kann man niemals hinten die sexy und hübschen weiblichen Mitschülerinnen anschauen :)

Und ich denke die Menschen wollen doch immer mit ihren materiellen Augen sehen? Also hatte ich niemals verstanden das so viele immer in der ersten Reihe sitzen wollten! Ist in Ordnung! Aber vergesst niemals! Meistens die hübschen Girls in der Klasse saßen niemals in der ersten Reihe nur diese mit Brillen auf!

Aber in der pause hatten dann immer die die in der ersten Reihe saßen sich die sexy Mädels angeschaut ganz schüchtern mit Hintergedanken! Und die waren dann alle immer zu schüchtern in der pause mit den Mädels zu reden die hatten sogar in der Pause weiter gelernt :)

Und dann wurden meistens diejenigen die in der ersten Reihe saßen nach der Schule von Ihren Müttern mit den großen Limousinen abgeholt und danach direkt wieder alle Hausaufgaben erledigt!

Aufgepasst! Alle die in der ersten Reihe sitzen wenn Ihr einmal Euere Hausaufgaben so wie ich und 1000 andere mal nicht gemacht hatten? Ja! In der ersten Reihe sieht der Lehrer immer alles :)

Und ebenfalls ist unser Schulranzen von all den schweren Büchern immer so schwer gewesen das wir als Kind alle fast Rückenleiden hatten von all den so intelligenten menschlichen Büchern und Wissen! Richtig? Oh Jaa :)

Wenn man in der Mitte oder Hinten gesessen hatte hatte man sich meistens immer ein Buch geteilt!

Aber nun naja im Jahr 2021 ich weis es nicht ob es immer noch so ist? In Vergangenheit gab es selten eine Sitzordnung für alle es war immer freier Wille und Platzwahl! Die Plätze waren bei mir niemals Nummeriert wie eventuell irgendwann in Zukunft wir auch keine schönen individuellen Namen mehr haben werden sondern wie der Terminator T 3000 nur eine Nummer oder ein Zahlen QR Code sein werden!

ich selbst war in der Vergangenheit sehr oft Egoistisch und habe auch gelogen und viele manipuliert für Profit oder geschäftliche Interessen oder auch ja einfach nur um Frauen ab zu schleppen oder ins Bett zu bekommen!

Und nun bin ich nach über nur dieses Leben als Mensch immer noch alleine jede Nacht mit 43 Jahren ohne ehrlich und wahrhaftig gewesen zu sein!

Aber Warum? Ja! Was wir sähen werden wir alle ernten!

Wenn wir Kinder sind und Lügen oder nicht die Wahrheit sagen zu unserem Vater oder Mutter?

Oder wenn wir niemals auf diese hören oder niemals unsere Hausaufgaben machen oder unser Kinderzimmer aufräumen, den Rasen im Garten mähen oder das Auto waschen? Bekommen wir dann trotzdem ein Weihnachtsgeschenk?

Hmmm! Ich glaube nicht!

Also wie ich ja bereits gesagt hatte wie wird man denn nun ein wenig glücklich?

Nachdem ich so viele Jahre viele gute aber die letzen 22 Jahre mehr schlechte und traurige und schmerzhafte hatte Tag und Nacht!

Meiner Meinung nach kann ich nur sagen, dass ich mich
besser gefühlt habe oder sagen wir einfach glücklich,
wenn ich anderen geholfen hatte oder anderen zuhörte
was diese für Probleme hatten und wie ich dazu denke so
dass man einfach ehrlich und wahrhaftig zueinander ist
und auch deren neutrale Meinung!

Und keiner hat zu Hören oder zu Tun oder zu Handeln wie
ich Denke oder Sage! Wenn ich einfach jemanden mag
möchte ich meine Hilfe anbieten und das frei ohne Geld
für diese Hilfe! Weil in Freundschaft und Familie und in
der Liebe in wahrer Liebe! Niemals haben wir dafür Geld
zu Bezahlen oder zum Zuhören! Und am Ende fühlen wir
uns besser wenn einfach jemand uns etwas erzählt und
wir hören dem anderen zu und dass man sich auch sicher
sein kann, dass am nächsten Tag nicht derjenige alles
weiter erzählt was im Vertrauen unter 4 Augen gesagt
wurde und oft hintenrum dann erzählt und gelacht wird
über einen nach dem Motto, dass sich dann die anderen
an dem Leid eines erfreuen wie sooft ja auch im TV den
Medien und der Gesellschaft der Fall ist. Meistens hören
wir immer nur schlechte Nachrichten über Personen wie
Stars und dann denken viele sie fühlen sich dann besser,
weil diese ebenfalls traurig oder anderes!

Aber fühlen wir uns am Ende dann wirklich besser?

Keinesfalls! Ich denke wir fühlen uns 1000 Mal besser,
wenn wir nur einen wahren und ehrlichen Freund haben
oder einen wahrhaftigen und ehrlichen Liebes Partner
damit wir denen alles erzählen können was wir in
unserem Bewusstsein und auf der Seele haben!

Und wir können uns dann sicher sein, dass alles unter
uns bleibt! Keine falschen Freunde oder falsche Liebe!
Und dann fühlen wir uns ein wenig besser aber niemals
glücklich am Ende! Nur eine Stufe!

Ja viele Dinge im Leben haben wir zu lernen und fühlen und des öfteren mehr Schlechtes wie Gutes!

Manchmal frage ich mich selbst so oft ob wir nicht bereits in unserer Seele wie in einer Hölle leben genannt Leben auf der Erde! Und jeder hat irgendwann die Chance aus dieser Hölle zu gelangen! Wir wissen es nicht!

Wenn ich ehrlich bin! Ein Buch zu schreiben bereitet mir sehr viel Spaß! Ich hätte niemals gedacht, dass es so aufregend ist!

Hmm! Ich habe auch noch zu erwähnen! Ich trinke eine Flasche guten Rotwein aus Italien gennant Primitivo! Hahahah! Aber manchmal denke ich mir ich mag den Namen, denn oft fühle ich mich oder ich handele einfach nur wie eine primitive Person! Aber der Wein schmeckt sehr gut! Und wie wir ja ebenfalls in der Lateinischen Sprache es kennen! In Vino Veritas!

Ich habe vergessen! Neben dem schmackhaften Rotwein esse ich einen guten französischen Camembert Käse und ich liebe Käse! Aber nicht als Kind! Nur seitdem ich von den verbotenen Früchten gekostet habe! Denn nur mit Wein mag ich Camembert oder andere Käsesorten! Ohne Wein esse ich kein Käse nur einfach einen Cheeseburger!

So warum ist es denn eigentlich verboten von den schlechten Früchten zu Essen?

Hmmm! Wir checken das später ab!

Ich sage einfach nochmal!Immer den Mittelweg im Leben!

Und ich werde niemals 100 Prozent Perfekt sein! Weil ich denke dann wenn wir 100 Prozent Perfekt wären?

Wir wären all Roboter!

Oder wenn wir eines Tages perfekt wären? Würden wir dann jemals noch einen Fuß aus dem Bett tun oder etwas erschaffen wollen? Nein! Wenn man Perfekt ist! Warum sollte man sich dann jemals versuchen zu bessern!

Wenn wir unsere Kinder erschaffen mit wahrer Liebe? Ja! Wir wollen immer, dass unsere eigene Schöpfung unsere Kinder immer besser werden, als wir es in unserer Jugend waren und ebenfalls, dass unsere Kinder niemals so viele Fehler tun oder Sünden begehen wie wir! Richtig? Ich weis es nicht! Aber wenn ich eines Tages mal menschliche Kinder hätte? Ich meine Biologische nicht Spirituelle :)

Ich würde meine Kinder eine Tages so Lehren, dass diese niemals so viele Fehler machen wie ich es getan hatte im Leben und ich immer noch mit 43 Jahren menschlichen Alters alleine bin und weder Liebe noch geheiratet geschweige denn eine Ehefrau und Kinder zustande gebracht habe :(

Denn einfach nur 3 Tage die Woche in eine Bar oder Disco gehen oder Pornos anschauen oder C:) am girls heute zu Tage oder egal was? Ich sage Euch allen!

Es ist nicht nur langweilig! Eines Tages werden wir in unserem menschlichen Verstand so traurig und depressiv oder ich sage einfach nur ohne wahre Liebe!

Und ich sage Euch allen! Wenn man dies mit der Unendlichkeit multipliziert, dann kann man nur 1 Prozent von der menschlichen so genannten Hölle spüren wie diese es zu denken mögen!

Aber wir wissen es nicht ob Gott Himmel Paradies oder Hölle, ob es überhaupt existiert!

Denn bis jetzt können wir nichts mit unseren menschlichen materiellen Augen sehen!

Und ich denke es ist Besser! Warum? Ja nochmal! Happy End eines Kinofilms oder kein Happy End! Weil wenn man zu einer Massage geht mit Happy End :) Ja, von Anfang an wissen wir, dass wir am Ende ein Happy End bekommen und ja wir bezahlen dafür ja am Anfang doppelt so viel wie für eine normale Massage!

Aber wenn wir vielleicht eines Tages nach dem Tode eine Massage kostenfrei bekommen und dann ebenfalls ein Happy End kostenfrei! Wow! Ja! Das wäre doch schön oder? Oder müssen wir unseren Ehefrauen für alles bezahlen was diese tun? Ich glaube nicht, wenn man ehrlich und wahrhaftig liebt!

Man bekommt immer eine Massage oder einen Kuss unentgeltlich, deswegen haben wir sie ja auch geheiratet und geschworen in guten und schlechten Zeiten mit oder ohne Geld zusammenzubleiben und sich kümmern und lieben und beschützen und jeden Tag sie wie eine Prinzessin zu behandeln!

Aber das Traurige heute zu Tage ist! Ja! Die meisten Männer glauben heute zu Tage ja nicht mehr an Märchen! Warum? Ja! Nachdem sie kleine Jungs waren und groß geworden sind, denken sie sie wären wie starke Könige und machtvoll und glauben mehr an Geld und Gold und Profit, als in wahrhaftige und ehrliche einzige Liebe, mehr materiell und in sexuelle Abenteuer!

Ich weiss genau! Eine intelligente und wahrhaftige und ehrliche Frau oder Prinzessin, alle träumen seit Ihrer Kindheit eines Tages von einen Prinzen auf einem weissen Pferd und nicht an einen schlechten Frosch der niemals sich zu einem Prinzen verwandeln würde!

Und ebenfalls träumt jede Prinzessin davon eines Tages von einer großen Hochzeit Party mit nur einem Prinzen, wo sie in weiss gekleidet ist mit einem 7 Meter langen Brautschleier und viele kleine Mädchen schmeißen 1000 Blätter von Roten Rosen und nicht nur Rose Champagner einfach so verspritzen wie in so vielen Beach Clubs in St. Tropez oder diverse anderen Orten!

Aber um eines Tages mal zu Heiraten müssen wir ja erst einmal unsere Prinzessin oder Prinzen finden!

Und ich weiss es ist nicht einfach! Weil nach dem Sex oder nach dem Küssen dürfen wir uns dann niemals langweilen und nachdem wir unseren biologischen sexuellen Dopamin Schock oder einfach nur unseren menschlichen Orgasmus oder Höhepunkt erzielen, nachdem man davor schon so viele und verschiedenartige hatte!

Oh ja ich weiss es! Es ist schwer! So viele hübsche Ladies und Männer! Es ist nicht einfach nur einen für den Rest des Lebens auszuwählen! Warum ist dies so?

Wer hat uns diese monogamische Theorie für unsere Leben gelehrt?

In der Vergangenheit hatte ich nie von so etwas gehört! Aber ich kann Euch allen sagen! Jede Person oder besser gesagt wir sind alle gemeinsam von der DNA „Homo Sapiens" immer noch und können auswählen, handeln und denken und glauben was wir möchten!

Nur eine Frau, zwei oder 4? Oder auch Männer? Aber am Ende wie so viele ja auch hatten! Waren wir jemals richtig Glücklich? Oder einfach nur 7 Prozent zufrieden?

Meiner Meinung nach oder nach meinen Erfahrungen nach über 43 Jahren bin ich nicht einmal Null Prozent zufrieden oder glücklich oder einfach nur in Liebe!

Ich bin Minus 100 Prozent! Und nach jedem Orgasmus den wir ohne Liebe haben? Ja! Nachdem ich dann immer diesen hatte musste ich wegrennen und hatte mich selbst gehasst und jedes Mal gefragt warum man so oft einen Höhepunkt oder Orgasmus benötigt, welcher nur ein paar Sekunden anhält und Dopamine ausschüttet in unserem Gehirn und dann immer noch keine anhaltende Zufriedenheit im Gegenteil sogar noch mehr traurig als davor!

Ich weiss es nicht! Das einzige was ich weiss! Die Mehrheit der Menschen fühlt genau wie ich, wenn sie es nicht eines Tages schaffen ihre wahre Liebe zu finden! Und nur eine wahrhaftige und wahre Liebe!

Nicht immer nur zu Tabledance Shows oder Prostituierten gehen oder heimlich Pornoseiten oder Webcam oder nur Flirten und Betrügen! Denn mehr als 66 Prozent unserer Gesellschaft sind niemals in wahrer Liebe und in Vergangenheit waren es 99 weisse Schafe! Und nur ein Schwarzes! Aber heute zu Tage oh ja! Wir wollen nicht mehr Wissen oder Sehen oder Glauben! Aber heute zu Tage in 2021 sind es 99 schwarze Schafe und nur noch ein weisses Schaf oder weisses Lamm!

Aber wenn wir niemals fallen, dann werden wir irgendwann niemals in unsere Seele für immer in Liebe existieren können!

Oder warum, wenn wir alle perfekt wären wie Adam und Eva vom Anfang an im Garten Eden? Warum hatte Eva dann von der verbotenen Frucht gegessen?

Sie hatten doch alles oder? Ja! Ah Sorry ich hatte vergessen! Sie katten keine Kinder!

Nur als Eva gefallen ist und von der verbotenen Frucht gegessen hatte! Aber am Ende hat Adam Eva nicht alleine gelassen und ass ebenfalls von der verbotenen

Frucht! Warum? Warum? Ja! Wenn man seinen Partner liebt macht man alles was dieser sich wünscht oder ihn glücklich macht!

Und man fliegt von Anfang an wenn man verliebt ist wie auf der 7. Wolke mit einer rosaroten Sonnenbrille auf! Oder wenn es sein muss auch gemeinsam in die Hölle wenn es nötig ist oder sagen wir einfach mal so viele schlechte und schmerzhafte Erfahrungen und Zeiten! Aber am Ende? Ja! Zusammen! Keiner ist Perfekt! In guten wie in schlechten Zeiten und immer wahrhaftig und ehrlich!

Ich denke dies ist 1000 Mal besser wie immer der richtige Weg oder niemals Fehler zu machen oder zu sündigen! Aber bei allen religiösen und gläubigen Menschen! Es ist immer eine Ansichtssache! So seid also bitte nicht böse oder verärgert oder irgendetwas!

Weil die meisten sogenannten, welche sich so sehr religiös betrachten sowohl damals als auch heute zu Tage es gibt immer noch keine Beweise oder Zeichen, welche wir mit unsere menschlichen Auge sehen können!

Aber wenn man von jedem einzelnen und meistens immer die ehrlichen und treuen Gläubigen monatlich Geld nimmt und dann diese denken, dass alle Sünden oder Fehler damit bezahlt sind? Hmm! Ich weiss es nicht! Weil Ihr Alle wisst! Wenn Ihr Glaubt? Ja! keine beweise mit dem menschlichen Auge! Und ist Geld ein Beweis? Ja! Wir können es sehen und anfassen! Aber können wir mit Geld, egal wie viel? Können wir mit Geld zu anderen sogenannten grossen spirituellen Menschen unsere Schulden oder Sünden weg bezahlen? Ich glaube nicht, aber die guten Nachrichten sind, dass wir immer noch selbst entscheiden und glauben können oder für was wir bezahlen!

Eines Tages also wissen wir alle mehr, wenn der grosse Blogbuster Kinofilm genannt Planet Erde vorbei ist! Aber wir haben dann ein kleines Problem! Welches? Ja! Nach dem Tode können wir nicht mehr mit unseren menschlichen Augen sehen! OMG! Scheisse! Und dann? Vielleicht dann keine Kinofilme mehr oder ins Kino gehen mit leckerem Popcorn und Nachos oder Eiscreme!

Aber eines weiss ich! Heute zu Tage sitzen die meisten Menschen zuhause mit so vielen privaten Online Programmen alles was es zu Wünschen gibt, welche Ihr erschaffen habt! Es ist in Ordnung und ganz schön!

Aber vergesst niemals! Was war in der Vergangenheit besser? Mit einem hübschen Mädel ins Kino zu gehen? Ja! Ist dies 1000 Mal besser? Wow, erinnert Ihr Euch alle noch? hahahah! Mit eurem Girl in ein Auto Kino, Ihr alleine mit Eurem Mädchen im Auto unter dem Mondschein und den leuchtenden Sternen und ihr könnt sie küssen während des Kinofilms und nicht jeder kann dabei zusehen oder euch ausspionieren wie ihr sie küsst! Weil ihr im Auto immer noch mehr Privatsphäre habt! Und am Ende ist dies wesentlich spannender und aufregender, als immer nur zuhause auf der Couch routinemässig!

Als wir jung waren sind wir immer jeden Tag mit unserer Lady woanders hingegangen! Ach ich habe vergessen! Tanzen auf der Tanzfläche Wow! Und das Beste von Allen? Falls Ihr auch ein wenig Lateinamerikanische Tänze liebt wie Salsa? Ihr wisst was ich meine! Dann fühlt man sich ein wenig wie ZORRO :)

Und wenn Ihr Euch ebenfalls in der Vergangenheit erinnert! Wenn Ihr damals mit eurer Liebe Frau oder Mann aus wart? Ja! Ihr hattet niemals zu viel getrunken!

Weil ihr ja dann noch später mit Eurer Lady tanzen und küssen wollt und eventuell auch noch mehr! Aber wenn

man zu betrunken ist? Ja! Dann kann man niemals
geschweige denn auf die Tanzfläche laufen auch John
Boy nicht!

Aber wenn man immer noch Single ist und seine wahre
Liebe noch nicht gefunden hat? Ja! Dann geht und sitzt
man immer und immer nur an einer Bar oder Restaurant
oder Disco und eines Tages sitzt man alleine zu Hause
weil ausgehen ist ja teurer wie zu Hause! Dann sitzt man
alleine zu Hause! Und alleine zuhause wartet auch keine
Frau auf einen! Nur Online im Internet sind viele ebenfalls
alleine! Aber ist das die Realität? Oder viele denken im
Internet Online es ist die Realität oder sagen wie einfach
mal man benutzt einen anderen Namen oder Charakter!
Wir wissen dies nicht! Denn alles was nicht in der Realität
ist ändern oder verhalten wir uns öfters anders wie ein
Schauspieler in Hollywood, einfach nur eine andere
Person oder Charakter spielen, dass ist ja auch deren
Job!

Viele von uns Lieben die Stars oder berühmte Musiker
oder Sänger und auch Sportler und vergöttern diese!

Wir bewundern diese als ob diese wirklich Götter sind
oder Schöpfer! Ich denke es ist in Ordnung! Weil ich
denke ein Schöpfer oder Gott macht dies nichts aus!

Ich denke wenn man am Ende einfach nur wahrhaftig und
ehrlich ist und niemals zu spät einen Lebenspartner findet
und dann eigene Kinder erschaff!

Besser als wenn man jeden Tag von einer bar zur
anderen von einem Drink zum anderen und ebenso jede
Woche schmeckt der eine Drink nicht wie am Anfang und
auch die Dosis oder Anzahl der Drinks ändert sich von
Mal zu Mal, man benötigt dann immer mehr von Zeit zu
Zeit, damit man wieder sieben Level erreicht um einfach

den Stress oder die Gedanken und Probleme der Vergangenheit oder and die Zukunft zu vergessen!

Für mich war es immer der Fall gewesen! Einige sind unterschiedlich, aber ich habe in mir ein Gefühl, dass ich nicht der einzige bin der so denkt oder es nachvollziehen kann sonder viele viele andere auch wie ich sogenannte Menschen oder „Homo Sapiens"! Und ebenso auch in der Vergangenheit! Oder vielleicht auch nicht! Wir wissen es nicht vielleicht eines Tages wissen wir alle mehr und mehr an Wahrheit! Aber Weisheit haben wir alle in unsere eigene Seele zu machen!

Ich weiss nicht warum! Aber irgendwie mag ich die Zahl 7!

Vielleicht weil es geschrieben steht, dass in 6 Tagen die Erde, wir nenne ihn Gott, erschaffen wurde und am 7. Tag er geruht hatte!

In Ordnung! Aber am 7. Tag hatte er geruht! Und ich liebe es zu ruhen minimum 1 Tag in der Woche, eher sogar besser 2 oder mehr! Aber immer den Mittelweg!

Und in meinem Geburtsdatum befindet sich ebenfalls drei Mal die Zahl 7! Ich sage nur mein biologischer Körper ist im Jahre 1977 AC geboren! Mehr sage ich dazu nicht!

Aber es ist lustig! Drei Mal die Nummer 7!

ich erinnere mich bevor der Corona Virus entstand war ich sehr oft im Casino! Wow! Eigentlich liebe ich es zu Spielen! Ich habe nie verstanden warum eigentlich!

Vielleicht ja! Am Anfang wenn man spielen geht gehen wir immer hin um Geld zu gewinnen!

Aber meine Erfahrung nach ca. Über 100 Malen als ich im Casino war! Ich erinnere mich immer zu Beginn an oder sagen wir mal maximal die ersten 15 Minuten hatte ich fast immer mein Geld, welches ich dabei hatte, verdoppelt! Sagen wir mal ich hatte in meine Tasche 1000 EUR! Also nach maximal 15 Minuten hatte ich 2000!

Aber dann einfach nur 15 Minuten zocken und wieder mit Gewinn einfach gehen? Eigentlich ist es ja viel Geld in nur 15 Minuten 1000 EUR Gewinn zu machen! Aber ich habe das Spielen geliebt! Und wie bereits erwähnt auch die Nummer 7!

Somit wollte ich immer dreimal die Rote 7!

Eines Tages bekam ich es! Jackpot! Aber zu meinem Gluck bekam ich nur einen kleinen Jackpot so ca. 6.000 EUR oder Ähnliches!

Danach als die dir drei roten Siebener hatte bin ich dann zu einem anderen Spiel gegangen welches hieß „Eyes of Horus"! Es war so faszinierend! Ich hatte ebenfalls gewonnen aber auch verloren! Aber am Ende des Jahres!

Oder am Ende des Spielens am Lebensende? Ja! Keiner ist ein Gewinner!

Denn am Ende ist immer die Bank der Gewinner oder vielleicht der Teufel!

Wir wissen nicht ob er existiert!

Aber in unserer Seele sind wir oft traurig und verrückt und hassen uns selbst, weil wir es nicht lernen aufzuhören oder stoppen können oder aufhören können zu spielen!

Ja! Wir oder besser gesagt ich war so oft verzweifelt und traurig oder ich nenne es depressiv! Oder einfach niemals in wahrer und ehrlicher Liebe mit einer Partnerin mit der ich dann zusammen hätte spielen gehen können und nur aus Spass mit 200 EUR und nur einmal im Monat und dann wenn ich verliere kann sie mich aus der Casino Hölle raus holen!

Aber wenn man dieses Partnerin nicht hat und alle Zocker wissen dass, kann keiner uns daraus holen!

Im Casino sind so viele viele hübsche Ladies und ebenfalls so sexy mit schönen Abendkleidern und Körpern! Sie sind nur neben uns wenn unsere Taschen voll sind! Wenn wir verlieren und nichts mehr in der Tasche haben sitzen sie neben den anderen Gewinnern!

Und diese wechseln jeden Abend Ihren Platz oder das Bett! Oh Ja! Man wird also niemals dieses Gefühl oder die Erfahrung selbst machen können wenn man nicht einmal Roulette gespielt hatte und dann „RIEN NE VAS PLUS"!

Wow! Und dann dieses so lange niemals endende Anspannung, wenn die Kugel rollt und die Nummer fällt!

Dieses Dopamine welches wir dann in unserem menschlichen Gehirn bekommen ist unglaublich!

Dieses Gefühl war oft besser wie ein sexueller Orgasmus oder einen Höhepunkt!

Aber ich sage Euch! Es war einfach nur ein Höhepunkt und niemals wahre Liebe!

Und meistens nachdem „Rien ne vas plus"! Ja wirklich „Rien ne vas plus"!

Weil sehr schnell habe ich alles verloren und meine Tasche war dann leer und dann Auf wieder Sehen oder HASTA LA VISTA BABY!

Und früher oder später, wenn man zu oft spielt? Ja! Man bekommt mehr Probleme als nur sich traurig oder wie ein LOOSER zu fühlen!

Man bekommt viele finanzielle Probleme! Und von so vielen armen Seelen dann bekommen diese dann auch noch, nicht nur Männer auch viele Frauen spielen, eigentlich sah ich des öfteren sogar mehr Frauen spielen als Männer! Ja! Viele werden dann eines Tages Ihren Partner und Ihre Familie verlieren, weil sie dann nicht mehr die Rechnungen oder die Miete oder am schlimmsten nicht mehr Essen für ihre Kinder kaufen können! Ja sehr traurig! Ich hatte diese Probleme niemals, weil ich Ia leider keine Frau und Kinder habe!

Aber immer noch freier Wille! Aber besser von Anfang an unsere Kinder in der Schule alle Lehrer sollen eines Tages diese nicht nur in Mathematik oder Physik oder Geschichte lehren! Es ist Gut!

Aber speziell die jungen Kinder benötigen im Leben Lehren über Alkohol und Drogen und sexuelle Erziehung und ebenfalls über gesundes Essen und Medizin und viel mehr Sport und so viele andere Sachen!

Des Öfteren habe ich mich als Mensch gefragt und nun mit 43 jährigem Alter will ich niemals meine eigenen biologischen Kinder haben, nachdem ich so viele Dinge gefühlt und gemacht hatte!

Diese Welt auf der Erde oder diese Realität wie Ihr diese nennt ist so schlecht und traurig und verrückt für alle Kinder!

Aber irgendetwas in Mir sagt immerzu! Hey kleine Junge! Danke Positive und gebe niemals auf! Weil Nichts war von Anfang der Schöpfung Gut, wenn alles von Anfang an Gut wäre und niemals Probleme! Vielleicht erinnert du Dich kleiner Junge! Oh Ja!

Es tut mir Leid Vater! Bitte vergib mir alle meine Schuld! Ich liebe Dich Vater im Himmel!

Denn immer noch geht die Sonne auf jeden Tag! Und jeden Tag Stufe um Stufe kann ich dazu lernen und besser werden und von Fehlern oder Sünden mich ändern, nachdem ich es bedauert hatte!

Weil wir leben jetzt und für die Zukunft! Und als Kind hatte ich immer die Serien von „CAPTAIN FUTURE" :) und so viele andere tolle Serien und Filme wie „E.T." geliebt!

Und nun nach 7 Stunden schreiben benötige ich eine Pause! Weil wie bereits gesagt immer den Mittelweg!

Niemals zu viel oder zu wenig! Stufe um Stufe Tag für Tag! In Ordnung! Meine Flasche Wein ist nun leer! Und nun ist es Mitternacht und ich benötige keine zweite Flasche mehr als viele Jahre zuvor, weil ich mich viel besser fühle!

Also nun noch ein Film und dann Schlafenszeit! Gute Nacht und wir sehen uns im zweiten Kapitel wieder!

Ich sagte immer ich liebe die Zahl 7 und jedes Buch, vielleicht werde ich noch ein paar mehr schreiben, wir werden es sehen, ich werde immer 7 Kapitel schreiben und niemals zu viele Seiten :)

LYA

Kapitel 2

Hallo Erde!

Und nun das zweite Kapitel und wir haben Sonntag! Viele Jahre zuvor und immer noch viele Menschen gehen Sonntags beten in einer Kirche! Interessant!

Ich hatte immer gedacht, dass von religiöser Ansicht her Beten an einem Sonntag ist nicht erlaubt!

Weil nach Sabbath oder der 7. Tag soll ja bekanntlich geruht werden und nicht gebetet oder gearbeitet werden!

Ja ich weiss sehr alte Geschichte und Tradition!

I weiss wir leben im 21. Jahrhundert und so eine alte Geschichte ist ja nicht modern heute zu Tage! Ich sagte bereits immer den Mittelweg!

Aber ohne Geschichte wären wir ja niemals an dem Punkt erlangt wie wir es heute sind! Aber immer nur in der Vergangenheit leben oder denken ist ebenfalls nicht gut!

Vielleicht sind ja einige Gebote gut und wichtig wie „Du sollst nicht Töten" oder Lügen oder nicht über andere

Urteilen, „Liebe Deinen Nächsten" oder „Liebe Deinen Nachbarn" und „ Liebe Deine Feinde", Liebe die Tiere und die Natur und „Wer ohne Sünde ist, werfe den ersten Stein"!

Und das wichtigste Gebot ist „ Liebe Deine Ehefrau oder Ehemann" und betrüge diese niemals!

In der heuten Zeit wie damals zuvor ebenfalls, wir gehen aus und sehen so viele hübsche Menschen, und wir essen und dringen so viele verbotene Früchte!

Am Anfang schmecken die verbotenen Früchte immer

Nicht nur schlecht eigentlich gut! Aber alles im menschlichen Leben was Materie ist, gibt es immer ein kleines Problem, weil nach einiger Zeit wir immer mehr wollen und brauchen oder sagen wir einfach wir werden Süchtig am Anfang in unserem Bewusstsein! Warum?

Als ich 14 Jahre alt war bin ich mit einem Kumpel nach dem Sport, wir spielten damals Tischtennis! Eines Tages stand an der Strasse ein Zigarettenautomat! In der Vergangenheit konnte man Zigaretten ohne Personalausweis kaufen! Heute zu Tage ist es viel besser für die Kinder und Jugendlichen, weil man unter 18 Jahren keine Zigaretten mehr kaufen kann!

Also hatte ich in der Vergangenheit für 5 „Deutsche Mark" eine Päckchen Zigaretten gekauft und ich erinnere mich an den Namen! Ja es war ein gelbes Päcken „Camel"!

In Vergangenheit hatte des öfteren Menschen in einem Kinofilm gesehen oder auf der Strasse, die geraucht hatten!

Meine biologischen Eltern hatten aufgehört als meine Mutter zum ersten Mal schwanger mit meinen älteren Bruder geworden war!

Ich hatte also niemals meine Eltern vor mir rauchen gesehen oder geschweige denn Wein oder Bier trinken gesehen!

Aber ich hatte meistens immer mehr auf andere Menschen geschaut, was diese so gemacht hatten und fand es immer faszinierend was Andere getan hatten und auch wenn ich etwas nicht wusste oder jemand etwas besser konnte wie ich hatte ich dies quasi aufgesaugt wie ein Schwamm und deren Wissen mir angeeignet und wie diese gedacht hatten! Ich bin mir bewusst es waren niemals immer nur gute oder positive Dinge im Leben!

Aber ohne Fehler im Leben oder schlechte Dinge hätte ich niemals am Ende oder selbst gelernt was Richtig oder Falsch ist! Immer nur von anderen Personen oder Religionen oder religiöse Lehrer oder der Gesellschaft was diese einem Lehren zu tun und was? Ja wir benötigen Gesetze ansonsten würde eine Gesellschaft niemals funktionieren!

Aber zu viele und zu strenge oder wie so viele in Religionen und den politischen Systemen wir haben sind nicht einmal ein wenig zu unseren Gunsten oder unserer persönlicher Rechte!

Ich hatte dies niemals gemocht und das war der Grund als ich jung war und alleine mit meinen Walkman war!

Und ich hatte oft alleine in meinem Zimmer mit geschlossener Tür nur mit meinem Walkman und Musik getanzt! Und auch zum Vater im Himmel gebetet!

Ich erinnere mich noch genau ich fühlte mich immer so entspannt mit der Musik! In Vergangenheit hatte ich immer so schöne und verschiedenartige Musik gehört aber ich hatte damals nicht die Bedeutung oder die Lyrics verstanden, weil mein Englisch war damals nicht ganz so gut wie heute!

Aber ich hatte es immer geliebt Musik zu hören mehr als Bücher zu lesen!

Weil die Musik hatte mich niemals gelangweilt!

Interessant! Als ein Kind hatte ich mich immer so schnell gelangweilt und ebenfalls lange lange zeit bevor und ebenfalls als ein Mensch!

Aber mit Tieren und draußen in der Nature fühlte ich mich immer glücklich und zufrieden!

Es gab ein Mal ein Sprichwort in der Vergangenheit:

„Wie man in den Wald hinein ruft, so schallt es hinaus!"

Genaus so wie was man säht wird man ernten!

Als ich 8 Jahre alt war, hatte ich Gitarre geliebt, weil meine Mutter hatte uns oft mit der Gitarre Lieder vorgespielten es war so schön dies zu hören!

Ich hatte auch nach der Schule leider nur 6 Gitarren Stunden gehabt in der Vergangenheit!

Ich erinnere mich nach der Schule damals waren wir 4 Jungs die Unterricht hatten! Von Anfang an schien mir unser Gitarren Lehrer nicht ganz „Koscher" wie man so sagt!

Ich fühlte, dass ich nicht so entspannt war wie als ich mit meinen Walkman Musik hörte!

Aber ich war damals ein 8 Jahre junge Knabe und wartet ab! Nach 5 Wochen hatten wir die nächstes Stunde mit dem schlechten Lehrer!

Im Endeffekt wusste ich es damals nicht, denn wenn man so jung ist kennt man sich noch nicht aus mit Biologie oder der Sexualität der Menschen!

Heute weiss ich, das dieser schwul oder Homosexuell war!

Ich hatte nie etwas gegen Schwule oder Homosexuelle, wenn diese glücklich sind ist es in Ordnung! Denn nochmals unsere Seele kennt kein Geschlecht männlich oder weiblich!

Aber wenn man ein Lehrer ist und speziell Kinder unterrichtet! Dann macht man niemals sexuelle Witze mit 8 Jahren alten Jungs!

Bei unseren 6. Gitarren Stunde war ich mit den 3 Jungs im selben Alter nach der Schule dort und es war zur Fasching Zeit!

Und der Lehrer fragte uns! Und ja ich sah in seinen Augen etwas was nicht von dieser Realität oder Welt oder besser gesagt zu Eurem Verständnis nicht naturell oder vom Himmel war!

Dann fragte uns der Lehrer, als was wir uns an Fasching verkleiden würden!

Ich sagte: „ZORRO"! Die anderen Jungs antworteten Indianer, Cowboy und Vampier!

Danach hatte ich den Lehrer gefragt, als wäre er denn sich kostümiert an Fasching?!

Und daraufhin kam seine Antwort, wenn man heute zu Tage älter ist ist es in Ordnung ein Witz also?! Oder ich denke meiner Meinung nach Witze sind in Ordnung! Aber sexuelle Witze wie vom „JOKER" zu jungen Kindern zu machen mit 8 Jahren Alter hatte ich dies nicht verstanden!

Und er antwortete: „ Ich gehe als Streichholz!"

Danach schaute ich zu meinen Freunden rüber und diese zu mir und wir hatten es nicht verstanden!

Und als ich zurück in seine Augen schaute hatte ich seine perversen Wünsche bemerkt und sein dreckiges Lachen!

Nicht nur ich, sondern auch die anderen Jungs waren geschockt von Ihm und i fragte daraufhin was denn ein Streichholz sei, ich hatte dies niemals an Fasching gesehen!

Daraufhin hatte er laut gelacht und gesagt, dass wenn er Nackt auf die Strasse geht und andere Menschen ihn sehen er einen roten Kopf bekommen würde!

A-Ha! Interessant dachte ich mir aber keiner von uns Jungs hatte gelacht!

Nach der Stunde ging ich nach Hause und meine Mutter fragte mich, wie die Stunde war? Ich antwortete nur es war in Ordnung! Also besser einfach diesen Witz vergessen!

Aber in der Nacht konnte ich es nicht vergessen und auch nicht sein schmutziges Lachen und seinen perversen Blick in den Augen!

Es ist sehr wichtig, dass Eltern von Anfang an ihren Kindern beibringen, dass man jederzeit kommen kann und über alles sprechen und Reden kann, was man getan hatte über Alles wie zu einem Besten Freund!

Ich hatte mich so geschämt damals über diesen Witz seitens des Lehrers und war ebenfalls geängstigt und in Furcht über diesen!

Und ich konnte niemals über diese Geschichte mit meiner Mutter oder Vater reden!

Und das ist so traurig, weil ich bin mir sicher hätte ich dies meinem Vater berichtet, hätte er diesem 1000 Streichhölzer in seinen Arsch geschoben!

Eine Woche später und ja ich fürchtete jede Tag die scheiss Gitarren Stunde wird bald wieder sein und ich wollte niemals den schlechten Gitarren Lehrer jemals wieder sehen!

Also hatte ich meiner Mutter gesagt es tut mir Leid, aber mir macht Gitarre spielen kein Spass mehr! Und als Kinder können wir niemals selbst ohne unsere Eltern, die wir benötigen, entscheiden was richtig oder falsch ist!

Hätte ich bloß diese Geschichte meine Eltern damals erzählt wäre ich mir sicher sie hätten mir einen anderen Lehrer besorgt und ich niemals aufgehört hätte Gitarre zu Spielen! Ja Leben ist niemals Leicht!

Also war damals meine Musik Karriere somit nach nur 6 Stunden beendet!

Und nun wisst Ihr auch warum ich die Zahl 7 mehr mag wie die 6!

Vielleicht wäre mein Leben ganz anders verlaufen, wenn dieser miese Lehrer nicht gewesen wäre! ich weiss es nicht! Oder war es der Plan für mich? Wir wissen es nicht!

Aber eines weiss Ich! Keiner ist Perfekt! ich werde ihm vergeben!

Am Ende habe ich gelernt: Ficke Niemals einen Ficker!

Weil ich habe mir letzte Woche eine gebrauchte E-Gitarre gekauft :) Und lass niemals die Sonne Untergehen!

Denn ich bin immer noch Jung genug um Gitarre spielen zu lernen und dieses Mal spiele ich dann ROCK´N`ROLL!!

Und wie ich gerade in diesem Moment my Buch oder meine Geschichte erzähle! Ja! Ich hatte niemals in meinem Leben jemals daran gedacht ein Buch zu schreiben oder jemanden von Mir zu Erzählen mit meinen

Worten! Es ist in Ordnung solange Alle Spass daran haben!

Aber wie in der Vergangenheit wollten alle immer nur mit meinen Worten Geld oder großen Profit machen und niemals kostenfrei oder für Liebe zu schenken am Ende!

Oder besser gesagt anderen nur Angst einzujagen mit einer angeblichen Bestrafung eines Tages!

Und nochmals, wenn man seine Kinder liebt, würdet man ihnen niemals Angst oder Furcht einjagen oder mit Zerstörung drohen irgendwann! Weil wenn diese genauso wie ich niemals hören, dann bestrafen wir uns nur selbst!

Wenn wire die Tür in unserem Bewusstsein und unserer Seele offen lassen für schlechte und negative Gedanken ist es unser eigenes Problem!

Weil immer noch haben wir alle freien Willen und wenn wir über 18 Jahre alt werden und das Elternhaus verlassen müssen wir unsere eigenen Erfahrungen sammeln!

Wir können alle Lehren aufnehmen und damit anfangen was wir möchten im Leben!

Aber ich denke es ist schön zu wissen, dass es ein Vater und eine Mutter gibt, die uns Kinder immer Lieben wahrhaftig und ehrlich voll mit Liebe und wir jederzeit diese anrufen können und Reden und um Ratschlag oder ähnliches Fragen können ebenso auch um Geld bitten, sie werden uns immer helfen wenn wir nur ehrlich und wahrhaftig sind!

Weil ein Vater und eine Mutter kennt die eigenen Kinder oder Schöpfung immer besser als irgendjemand anderer!

Und ein Vater und eine Mutter weiss immer ganz genau ob ein Sohn oder eine Tochter die Wahrheit erzählen oder Lügen!

Und ebenfalls denke ich, dass ein Vater und eine Mutter niemals Fehler oder Sünden zählen werden, die wir in der Vergangenheit gemacht haben oder in der Zukunft!

Nun zurück zu den Zigaretten! Meine erste Zigarette in meinem menschlichen Leben war wirklich aufregend!

Und immer noch sage ich Euch mag ich es zu Rauchen!

Ich weiss, dass Rauchen wahrhaftig ungesund und gefährlich ist! Nicht nur die ganzen Stoffe, welche sich alle in den Zigaretten befinden, eigentlich waren die Zigaretten in der Vergangenheit besser als heute zu Tage, weil nicht so viele Parfümstoffe in den Lights Zigaretten waren sowie viele andere welche schlecht für die Lunge und die Gesundheit sind!

Und dann von allem das Schlimmste sage ich Euch ist die Nikotin Sucht!

Und die Nikotin Sucht oder sagen wir einfach also das Dopamin, welches in unser Gehirn gelangt, als ich 14 Jahre alt war!

Dieses Potential ist so ähnlich wie die „Büchse von Pandorra"!

Im jungen Alter geben Sie uns Zigaretten und wir Denken einfach nur dass es cool ist! Es ist cool zu rauchen! Eigentlich hatte ich mich mehr als als cool gefühlt, weil ich immer ein cooler Junge war!

Ich hatte niemals Probleme in der Schule oder draußen um Leute kennen zu lernen oder mit Ihnen ins Gespräch zu kommen, ich hatte immer sehr viele Freunde in der

Schule und auch nach der Schule in der Universität und überall!

Aber nach so vielen Jahren bin ich nun zu der Überzeugung gekommen!

Wenn ich es lieben würde eines Tages ein Reicher zu sein und hätte vor mehrere Millionen Dollar Geld zu verdienen? Ja! Ich wäre genau so wie alle die großen Firmen damals und immer noch heute zu Tage!

Ich würde allen jungen Kindern Zigaretten geben, so dass diese von beginn an Ihrer Jungen eine Nikotin Sucht bekommen!

Und dann ebenfalls auch Alkohol wir wir ja alle wissen!

An jeder Jugendlichen Geburtstagsparty sogar im Alter von 16, 17 oder so, alle Trinken an der Geburtstagsfeier die Erdbeerbowle!

Danach Tanzen alle Blues und machen Party wie in „ LA BOOM!"

Wenn wir dem menschlichen Gehirn viele Stoffe geben mit der chemischen Endung „IN" so bekommt unser Gehirn Dopamine über einen unnatürlichen Weg!

Zum Beispiel wenn wir Sport machen bekommen wir danach Dopamine!

Wenn wie Küssen oder Sex haben und dann der Höhepunkt bekommen wir ebenfalls Dopamine!

Dies ist auf dem natürlichen Weg und es ist Gut! Aber auf dem natürlichen Weg benötigt es immer mehr Zeit! Warum? Zuerst haben wir immer etwas zu Tun wie Sport oder wenn wir eine Lady Küssen wollen, müssen wir zuerst mir Ihr Reden und Sie mit Humor zum Lachen bringen und andere Dinge!

Aber natürlich erzeugtes Dopamin müssen wir niemals mit Geld bezahlen!

Also ist es doch öfters einfacher anstatt langwierigen und harten Sport zu betreiben oder warum so viel Quatschen einfach eine Frau kaufen!

Genaus so wie wir uns ein Zigaretten Päckchen kaufen oder Bier oder eine Flasche Wein oder Whiskey, somit bekommen wir viel schneller Dopamine und dann sind wir zufrieden, was wir Denken!

Und immer zu Beginn an ist es in Ordnung und es funktioniert sehr gut und auch sehr schön!

Aber viele wissen es auch! Da ist offensichtlich und eigentlich mehr den offensichtlich ein Problem mit all den Süchten, von denen wir Dopamine bekommen, wie auch beim Glücksspiel und Sex Sucht wie von allen Porno Seiten oder Cam Chats oder ebenso ein Sportwagen fahren und viele andere Dinge!

Also alles was nun nicht nach natürlichem Weg uns Dopamine in unserem Gehirn beschert, so dass wir ein wenig glücklich in unserem Leben werden, ist am Ende niemals oder eigentlich immer benötigen wir dann eine höhere Dosis jeden Monat stufe um Stufe, um auf das selbe vorherige Level wieder zu gelangen!

Und nachdem wir von so vielen verschieden Süchten wie Zigaretten, dann Alkohol immer zuerst die Erdbeere Bowle danach Bier und Wein ohne ja sorry ich hatte vergessen „Sierra Tequila" mit Salz und Zitrone!

Eines Tages in der Disco ebenfalls „ Jacky with Coke" und ebenfalls wenn man zu oft in Bars oder im Nachtleben unterwegs ist ebenfalls auch das andere „Coke", welches zu Beginn auch in „Coca Cola" enthalten war!

Weil dann können wir einfach mehr trinken und länger wach bleiben und man ist dann nicht komplett Betrunken!

Und am Ende oder eigentlich nach ein paar Jahren dann, manche früher manche später, sind alle Süchtig und nicht nur das es sehr Teuer ist, alle diese enthaltenen Substanzen die es gibt!

Das schlimmste ist, wenn man einen Sportwagen am Wochenende fährt so wie wenn man Party macht, oh Ja und dann unter der Woche nur einen VW Käfer fährt!

Am Anfang an ist es in Ordnung!

Aber wenn man niemals schafft irgendwann eine wahre Liebe zu finden eine Ehefrau oder Ehemann und irgendwann man es nicht schafft seine eigenen Kinder zu zeugen mit Liebe?

So was macht man dann, wenn man immer noch Alleine ist? Ja! Würdet Ihr den Sportwagen alleine zuhause oder nach der Arbeit oder am Wochenende fahren? Niemals, dass ist doch langweilig!

Und ein VW Käfer ist ja ein süßes Auto! Aber ich liebe „Porsche" oder einen „Ford Mustang GT Shelby" gennant „ELEONORE" :)

Aber haben wir das Geld dafür einen Sportwagen zu fahren und ebenfalls der Benzinverbrauch ist sehr hoch, unser Benzin oder Dopamine für alles wie Zigaretten, Alkohol und Co!

Und wenn man nur einen Sportwagen mietet für „ Saturday Night Fever"! Ja es ist in Ordnung!

Aber wenn man Single ist und auch unter der Woche?

Vielleicht auch Mal unter der Woche einen Sportwagen mieten? Warum Nicht! Aber wenn man irgendwann jeden zweiten Tag unter der Woche den Sportwagen mieten kann es sehr teuer werden!

In Ordnung solange wir keine Ehefrau oder Kinder haben um denen Essen zu kaufen oder ein Abendessen!

Aber schnell fragt sich dann jedermann immer warum nur Freitags oder Samstags nur einen Tag Party machen und sonst nur Arbeiten?

Ja vom Denken her ist es immer einfach, aber das Handeln ist das schwierige!

Weil alle diese Substanzen sind leider nicht nur für einen Tag in der Woche erschaffen worden? Wenn man ein Geschäftsmann ist, dann möchte man viel viel Gewinn!

Also ist es somit besser Substanzen zu erschaffen, welche so starke Sucht erzeugen zu den Personen, so dass diese nicht nur einmal in der Woche den Sportwagen fahren, sondern jeden Tag!

Und wir alle wissen ein Sportwagen ist wie eine gute Party so schnell und viel viel Benzin!

Und dann am Ende arbeitet man den ganzen Monat für sein Gehalt, welches bei den meisten eh niemals bis zum Ende des Monats ausreicht, nur für alle diese Substanzen welche unsere Körper und Gehirn dann jeden Tag oder Nacht benötigt!

Und dann kann man nur aus dieser lebendigen Hölle mit allen diesen Substanzen herauskommen, wenn man eine Tages einen guten wahrhaftigen und ehrlich liebenden Partner im Leben!

Anderseits springt man sonst von Jahr zu Jahr wie von einer Bar zur anderen, von der einen zur anderen Beziehung!

Ohne wahrhaftige und ehrliche Liebe von beiden Seelen, wird keiner von diesen Substanzen los kommen!

Somit sind also viele Personen, welche nicht süchtig sind von den schlechten und gefährlichen Substanzen quasi bereits gesegnet oder ein wenig wie in einem Paradies in ihrem Bewusstsein!

Aber ich weiss genau heute zu Tage sind es nicht viele wie auch zur vergangenen Zeit!

Selbst in Ägyptischen Mumien von Pharaos hatte man Rückstände von Kokain und andere Dinge wie Tabak Reste vom Konsum gefunden! Wow! Ich hatte gedacht Kolumbus war der erste der Amerika gesehen hatte!

Vielleicht sind ja so einige Schriften immer noch versteckt in so manchen privaten Bibliotheken mit so vielen guten und alten Büchern und Wissen aus der Bücherei von Alexandria, welche damals angezündet und zerstört wurde um danach deren neue Lehren zu verbreiten!

Aber ich weiss es ist ja nur alte Geschichte, nicht modern was uns ja oft nur interessiert!

Aber mich interessiert es und ich fühle auch noch einige mehr genau wie mich! Weil wir leben nicht in der Vergangenheit oder in der Geschichte!

Aber wir können immer noch von der Geschichte oder besser gesagt von den vergangen schlechten sowie auch guten Dingen lernen!

Wie in unserem Leben, am Ende lernen wir auch von schlechten und auch guten Dingen oder Fehlern oder Gefühlen und alles Andere!

Aber wir müssen immer das Richtige oder die Wahrheit wissen und nicht wie so oft manipulierte Geschichte oder Lügen!

Weil wenn unsere Eltern uns Lieben würden sie uns eines Tages auch, wenn wir älter geworden sind, wie sich Vater und Mutter kennen gelernt hatten und wo sie sich als erstes Mal trafen und ebenfalls auch welche Probleme sie hatten oder welche Fehler sie taten wie man es zu einem besten Freund oder Bruder wahrhaftig und ehrlich sich mit Liebe erzählt!

Also wenn wir niemals schlechte Substanzen und gerade heute zu Tage so viele mehr als in der Vergangenheit!

Weil so vielen Kinder und Jugendliche rauchen Schischa in Bars und der kalte Rauch einer Schischa ist 1000 Mal schlechter für ihre Lungen und Gesundheit, als nur 1 Päcken Zigaretten in 5 Minuten!

Und dann trinken alle diese so ungesunden Energy Getränke von so vielen diversen Herstellern! Unglaublich!

Taurin sind Nerven vom Bullen oder von BAAL!

Diese machen unsere Kinder von Anfang an so süchtig und das ist erst der Anfang, danach diese so diversen Exstasy und Amphetamine!

Und dann frage ich mich immer ob diese eigentlich unsere menschlichen Kinder Lieben?

They dont Reality care about us!

(Sie kümmern sich nicht um uns!)

Nicht in der Vergangenheit und immer noch jetzt nicht!

Und wo sind alle die Gesetze und die so intelligenten Ärzte wie in der Corona Krise?

Wo seid Ihr so best studierten so viele Professoren mit Dr. Dr. Titeln?

Wo seid Ihr alle, die unseren Kindern helfen und Lehren sollten von Beginn an der Schule, so dass diese alle für das Leben lernen und nicht nur immer nur Lehren wie Mathematik, Physik oder so viele gelogene Geschichte oder Religionslehren beigebracht bekommen?

Über 66 % was wir in der Schule gelehrt bekommen hatten, als wir Kinder waren, hatten wir niemals mehr in unserem Beruf oder überall gebraucht!

Immer nur so viele Theorien von so best studierten Lehrern und Universitäten!

Aber die guten praktischen Lehren die unsere Kinder in der Schule benötigen wie gesundes Essen oder wie wenn man traurig ist oder Liebeskummer hat oder alle Süchte wie Zigarettensucht, Alkoholsucht, Drogensucht, Sexsucht und ebenfalls Spielsucht, so viele schlechte Wettbüros für Sportwetten, diese Sportwetten sind wie Kokain!

Man kann davon nicht mehr los kommen!

Anfangs beginnt man immer mit kleinen Einsatz oder Line und eines Tages benötigt man es jeden Tag, man spielt jeden Tag oder zieht eine Line und meistens mehr!

Und Ihr liebt uns menschliche Wesen oder mögt Ihr die Pharaos mehr wie in der Vergangenheit oder wie im Zoo mögt Ihr mehr die Schlagen als den Löwen oder das Lamm!

Ich erinnere mich in der Vergangenheit hatte ich immer dieses Wodka mit Energy Getränk getrunken!

Und Wodka gerade mit diesen Energy Getränken is genau so wie wenn man eine Line Kokain zieht in unserem Nervensystem und Gehirn!

Und diese haben Milliarden! Und wir verlieren Milliarden! Jedes Mal von unseren Gehirnzellen!

So wo ist nun die Gerechtigkeit! Oder wo ist wahre Liebe?

Wo seid Ihr alle so reichen und all so großen Religiösen Systeme?

Immer nur Geld kassieren von den überwiegenden wahrhaftigen und treuen Gläubigen!

Und hintenrum betet Ihr alle zum Sonnen Gott!

Oder besser wer hat den die Sonne erschaffen?

Vielleicht ist ja doch ein Schöpfer oder Gott oder irgendetwas, was die Sonne und alle anderen Dinge in unserem genannten Universum Milkyway (Michstrasse) erschaffen hatte?

Und glaubt Ihr alle wirklich, dass ein Schöpfer welcher mit Liebe, wie Ihr Eure Kinder erschaffen habt, Euch am Ende zerstören oder bestrafen würde?

Ihr Menschen, nicht Alle, aber viele viele zerstören immer noch nicht nur Euch selbst und die Menschenkinder oder Eure menschlichen Brüder und Schwestern auf der Erde wie in der Vergangenheit!

Ebenfalls zerstört Ihr immer noch die Natur, die Ozeane, die Fische und das ganze Klima und die Luft, das Wasser und vieles mehr durch Euch selbst!

Es benötigt keine Apokalypse, weil Ihr selbst macht die Apokalypse!

Weil Ihr alle immer noch freien Willen habt! Aber nicht mehr lange, seid vorsichtig, Ihr Menschen seid schlau und intelligent!

Aber ihr seid niemals besser als die Tiere oder die Natur oder vielleicht auch andere Spezien!

Wenn Eure Familie gespalten ist und nicht in Liebe!

Wenn die Familie, gennant Planet Erde mit den „ Homo Sapiens", nicht mit Liebe geeinigt ist und alle zusammen Helfen, Kümmern und Beschützen in guten und schlechten Zeiten und ebenfalls Euer Haus und Garten und die Tiere!

Eines Tages wird wird ein anderer kommen und stärker und nimmt Euer Haus und Garten und die Tiere!

Und wenn Ihr niemals helft oder Eure Nachbarn liebt, werden diese Euch auch niemals helfen!

Was wir sähen werden wir alle ernten seit der Vergangenheit, jetzt und auch in der Zukunft!

Gibt es eine Zukunft für Euch?!

Also besser ist es je früher desto besser Alle zusammen und nicht nur die alte Generation oder Politiker oder Herscher! Gerade die junge Generation müssen eine Stimme und Wahl bekommen!

Denn öfters ist es der Fall, das ein Vater und Mutter ebenso von deren Kindern sehr viele viele gute Dinge noch lernen können und nicht nur wie Smartphones oder Spiele funktionieren!

Aber wenn Ihr niemals Eure Kinder wahrhaftig und ehrlich mit Liebe erzieht, klar wollen diese nicht immer alles erzählen, was diese auf dem Herzen haben oder für Probleme!

Des öfteren reden sie meistens zu ihren so genannten besten Freunden! Aber wir alle wissen! Die meisten der so genannten besten Freunde nach einiger Zeit, wo sind diese dann noch? Ja! 9 von 10 der besten Freunde, für diese wir sie immer gehalten hatten, hatten uns Belogen, Betrogen und auch ebenfalls hinter unserem Rücken gelacht, Spässe und Witze gemacht, so dass diese am

Ende sich immer besser fühlen, aber en Ende sind diese noch mehr traurig und in Schmerzen, als die wahrhaften und ehrlichen Personen, welche immer noch wahrhaftige und ehrliche Liebe glauben und Freunde und Familie und nicht wie so viele falsche Personen die wir im Leben begegnen!

Aber wenn wir niemals auch nur einen falschen Freund hätten von Anfang an? Ja!

Wir würden niemals erkennen oder Fühlen einer Zeit, was ein guter oder schlechter Freund ist geschweige denn am Ende wahre Liebe!

Und viele wissen es, denn viele irgendwann legen sich dann einfach ein Tier zu wie ein Hund, Katze oder einen Vogel oder Hasen und viele mehr!

Und von diesen haben sie dann von Anfang an wahre Liebe und keine mehr wie JUDAS Personen in der Vergangenheit!

LYA

Kapitel 3

Eigentlich schreibe ich heute an einem Sonntag nun dieses 2. Kapitel! Aber ich habe so viel Spass an dem Schreiben, so habe ich mich ebenfalls dazu entschieden das nächste 3. Kapitel zu schreiben!

Weil ich sagte ja immer den Mittelweg im Leben, aber falls Ihr Euch erinnert, wenn Ihr ein Mädchen getroffen hattet und ihr Euch verliebt hattet? Ja!

Man wollte diese dann immer jederzeit Sehen, jede Sekunde und ebenfalls will man sie nicht nur 1 Minute küssen :)

So manchmal, wenn wir etwas Lieben, dann ist es in Ordnung vielleicht 1000 Prozent zu geben! Aber niemals zu lange, ansonsten überdehnt sich der Motor!

Und bevor man zu schnell fährt muss der Motor wie in der Liebe immer erst langsam warm werden das Öl, so dass der Motor auch länger lebt, wenn man sich darum kümmert!

So wenn wir also mit einer Lady Liebe machen! Oh Ja! Niemals direkt Vollgas!

Immer erst den Motor langsam warm fahren und dann kann man volle Geschwindigkeit fahren und wir haben dann keine Geschwindigkeitsbegrenzung :)

Aber ebenso wie im „Verkehr" auf der Autobahn immer achtsam sein, dass kein anderer verletzt wird! Sehr wichtig!

Und ja ich liebte immer mehr grössere „Airbags", sorry ich weiss es hört sich so Macho mässig an oder überheblich! Aber in meinem Leben habe ich immer gedacht! Hmm!

Nach so vielen Jahren sage ich Euch, und nicht nur von der Materie aus betrachtet alle diese Schönheit oder Figuren oder Augenfarben oder Hinterteile und Brüsste! Ja! Man muss darüber Reden!

Weil warum wurden wir mit dieser menschlichen Biologie erschaffen und warum wollte er nicht, dass wir von Anfang an alle gleich Aussehen?

Er hätte es doch tun können wenn er wollte? Richtig?

Aber zum Beispiel sagen wir mal bei den Delfinen! In Ordnung!

Ich liebe Delfine, weil diese sind nicht nur süß und hübsch, diese sind wie eine große vereinte und glückliche Familie und all helfen sich zusammen und kümmern sich! Ich sage Euch Allen!

Wenn Ihr wissen würdet, dass Delfine genau so intelligent sind wie Ihr menschlichen Wesen? Hahahah!

Wenn wir diese nur verstehen könnten, könnten wir alle so viel von denen lernen oder auch vielen anderen Tieren!

Fragt einfach nochmal „Pokahontas" :)

Ihr könnt ebenfalls von Eurem Hund zu Hause lernen, wie man wahrhaftig und ehrlich Liebt und ich sage Euch viele die Hunde haben!

Euer Hund wird euch immer wahrhaftig und ehrlich Lieben! Ebenfalls selbst wenn Ihre öfters mal nicht so gut zu ihm wart oder ihn zu lange alleine gelassen hattet!

Euer schöner Hund wird Euch immer Lieben und speziell alle Eure Familienmitglieder und am wichtigsten Eure jungen jungen Kinder! Und Euer Hund wird immer jede Sekunde Euch und Eure Kinder auf der Strasse beschützen, jederzeit falls diese von anderen Hunden oder Katzen oder schlechten Menschen attackiert werden! Euer Hund gibt jederzeit sein eigenes Leben für Eure Familie!

Und Euer Hund liebt niemals Geld! Nur Liebe und Essen und ebenfalls in die Natur zu gehen! Dann ist er zufrieden und immer glücklich!

Öfters hatte ich mir in der Vergangenheit gewünscht, dass ich ein Hund wäre! Hmm! Vielleicht war ich oder Ihr einmal einer in der Vergangenheit oder werden es in der Zukunft sein? Wir wissen es nicht! Aber viele spüren, dass viele Tiere voller Liebe sind und sie fühlen, dass etwas in Ihnen ist!

Vielleicht auch eine Seele! Weil Tiere sind auch keine Roboter! Richtig?!

Aber nochmal eines Tages werden wir alle mehr wissen, wenn wir oder unsere Seelen dafür bereit sind!

Von Anfang an gehen wir ja auch nicht auf die Universität oder höhere Schule! Immer zuerst die 1. Klasse und dann die 2. und mehrere!

Wenn wir jung sind und Party machen und dann zum ersten mal wie bei „La Boom" tanzen und dann eines Tages ein kurzer Kuss! Oh Ja! Niemals István von Anfang an direkt nackt und macht einen sogenannten „Quicky" zu beginn des Lebens!

Das ist niemals gut geschweige denn Romantisch!

Immer langsam tanzen und dann einen kurzen Kuss!

nach ein paar Tagen ein weiterer Kuss und langsam nachdem beide bereit sind mit Vertrauen dem anderen,

der nächste Schritt! Dies ist dann richtig und romantisch und für beide Seelen gut!

Immer im Leben benötigen wir von Anfang an Vertrauen überall!

Ob in der Familie oder Freundschaft oder auf der Arbeit, überall ohne Vertrauen wird nichts funktionierten!

Und Vertrauen haben wir niemals von Anfang an!

Weil wie in der Liebe benötigst es immer Zeit, Tag für Tag, Stufe um Stufe langsam wie eine Blume!

Zuerst säht man den Samen und dann Tag für Tag kümmert man sich und redet mit der Blume und gibt Wasser und der Rest macht die Sonne? Dies wird von einer anderen Macht geschehen!

Oder ich erinnere mich Ihr habt diese UV Energie Lichter wie Ihr auch ebenfalls in das Solarium geht! Es ist in Ordnung! Aber wenn Ihr eines Tages keine Energie mehr haben solltet? Hmmm!

Immer daran denken was wir von der Natur aus haben!

Oder könnt Ihr eine neue Sonne oder Stern kaufen, bauen oder erschaffen?

Entschuldigung, ja ich hatte vergessen! Einige menschlichen Nobel Preis Gewinner glauben sie können eines Tages alles neu erschaffen, ja ich weiss!

Aber vielleicht werdet Ihre Euch dann wie in einem Solarium verbrennen!

Wir hatten das gleiche auch in der Vergangenheit und viele viele Jahre zuvor!

bald werdet Ihr alle mehr Wissen und Wahrheit bekommen über so viele alte Dinge! Warum? Ja!

Weil wir haben das Internet WWW und ebenfalls ist es wirklich wie ein großes Gedächtnis oder ein „BIG Brother" (grosser Bruder) der Euch beobachtet!

Aber so wie Ihr auch Eure neuen Autos erschafft! Man muss immer vorsichtig sein! Von Anfang an der Schöpfung gibt es immer einige Fehler oder sagen wir einfach mal nicht immer das Beste!

Aber nachdem wir es getestet haben und niemals aufgegeben haben!

Wenn wir wahrhaftig Lieben geben wir niemals auf!

Wenn wir etwas erschaffen von Anfang an, erschaffen wir dies immer mit Liebe und Energie und so viel Arbeit, so das es zu einer Zeit fertig ist!

Aber niemals von Anfang an Perfekt!

Perfektion wird es niemals geben!

Ebenfalls werden Maschinen oder Roboter niemals Perfekt sein! Warum? Wenn ein Schöpfer nicht Perfekt ist wird auch eine Machine oder Roboter oder andere Schöpfung niemals Perfekt sein!

Und Liebe ist von Anfang an niemals Perfekt immer Höhen und Tiefen!

Andererseits würden wir alle uns einfach nur noch ganz schnell Langweilen!

Aber wir versuchen immer, wenn wir etwas erschaffen oder Machen oder einfach Lieben wie ein perfekter und Bester Liebhaber zu sein! Richtig? Ich denke so!

Und was ist wenn Euer Auto dann ein Montagswagen ist?

Am ersten Tag der Woche sind die Arbeiter immer müde und machen kleine Fehler! Diese Autos müssen dann.

Immer öfters wieder zu einer Werkstatt wie andere :)

Hmm eigentlich der Name Montag? Ja er kommt vom Mond! Nichts ist Perfekt ebenfalls auch nicht das Weltall!

Aber Ihr oder ein Schöpfer wird immer seine Schöpfung reparieren und sich kümmern, weil Ihr Euch ja auch immer um Eure Schöpfung Eure Kinder kümmern werdet!

Aber heute zu Tage, wie bereits zu vergangenen Schöpfungen und Tests, diese denken wie als ob man sich eines Tages ein Design Baby aussuchen könnte, wie es Aussehen soll und wie schlau, sie denken Sie können alles erschaffen!

Aber wenn ihr die menschliche DNA ändert oder viele andere Dinge wie zum Beispiel Halb Katze und Mensch oder Halb Löwe und Mensch wie die „ Sphynx"! Oh Ja!

Geschichte wiederholt sich immer!

Aber wenn Ihr ein Auto erschafft und andere, sagen wir einfach mal diese Tuner, verändern dann und Chippen den Motor, damit dieser schneller ist oder mehr Pferdestärken hat? Hmm! Ihr wisst es!

Ihr erschafft dass, was Ihr nach so vielen Versuchen denkt, dass dies das beste ist für die Schöpfung oder Euer Auto!

Und wenn dann ein anderer Eure Schöpfung oder Auto nimmt und diese verändert und den Motor auch? Ja!

Eines Tages ist der Motor dann überdreht und auf der Autobahn ebenfalls Unfälle oder Totalschaden!

Und keiner weiss es besser als Ihr, die was Ihr erschaffen wisst was gut ist und ebenfalls, dass Eure Schöpfung eines Tages vielleicht ein schöner Oldtimer sein wird! Schön oder nicht?

Eigentlich liebe ich so viele ältere Ladies nicht nur junge!

Sie sind alle immer noch sexy und hübsch wie ein alter Wein ist des öfteren besser!

Aber ich weiss viele Personen suchen öfters jüngere Frauen oder Männer als sie selbst sind!

Wie heute zu Tage alle 3 Jahre least man sich ein neues Auto!

Ja es ist nicht einfach wenn es so viele verschiedenen Möglichkeiten gibt!Wenn es nicht so viele geben würde würden wir uns wieder schnell langweilen!

So was ist also nun wichtig im Leben?

Wir benötigen immer einige Regeln!

Weil wenn Ihr eine Familie gründet und Ihr heiratet und dann Kinder?

Man hat diese immer zu lieben und sich zu kümmern und erziehen, so dass diese eines Tages ebenfalls eine Familie gründen können, wie eure Eltern erschaffen wurden! Und Kinder benötigen immer Regeln in der Familie!

Wenn jeder machen würde was er will? Hmm! Niemals gut! Aber zu strenge Regeln oder zu schwache sind ebenfalls nicht gut für die Erziehung!

Also wieder einmal der Mittelweg und woher hatte ich den Mittelweg bekommen! Ja! Eigentlich hatte ich niemals von Anfang an den Mittelweg bestritten! Dieser Satz stammte immer von meinem biologischen Vater, der es immer wieder zu mir sagte! In der Vergangenheit! Aber ich hatte niemals zu sehr auf meinen Vater gehört! Es tut mir Leid BABA!

Bitte vergebe mir für so viele Fehler, die ich gemacht hatte und Sorgen die ich Dir bereitet hatte und Du mit mir hattest!

Ich bin im Bewusstsein immer noch wie ein kleiner Junge und ich vermisse Dich so sehr nachdem Du 2009 gestorben bist!

Ich wollte immer so sein wie Du! Du BABA warst mein Idol! ich wollte wie du irgendwann ein guter Architekt werden!

Aber ich weiss nicht warum ich Dir so viele Probleme und Herzschmerz bereitet hatte!

Ich wollte es niemals bewusst tun oder gegen Dich! Ich liebe Dich immer noch und werde Dich für immer Lieben BABA! Weil von Dir hatte ich bekommen und gelernt was wahrhaftige und ehrliche Liebe ist!

Du warst immer für mich da! Ich hatte all die Jahre nur Dich in meinem Leben!

Und ich hatte in der Schule überall immer nur versucht gut zu sein, so dass Du eines Tages einfach nur Stolz auf mich bist! Aber ich habe so oft verfehlt!

Und ich hatte immer versucht und versucht das Beste zu geben!

Aber irgend etwas in Mir, ich weiss nicht was es ist, und konnte es nicht mit meinem menschlichen Bewusstsein verstehen in der Vergangenheit! Niemals! Ich war einfach gesagt immer Blind!

ich habe immer ohne gross nach zu denken gehandelt!

Wir lernen beim handeln, so oft wie Du es mir gesagt hattest! Irgendetwas in mir drin musste immer wegrennen oder handeln ohne gross zu hören auf Deine guten Ratschläge! Und Du BABA hattest mir niemals zu viel verboten! Du warst immer herzlich und mit wahrhaftiger Liebe!

Und ich werde diese Liebe dir eines Tages wiedergeben, wie ich diese von Dir bekommen hatte! Und das ist es!

Ich wollte Dir niemals so viele Probleme machen und auch nicht so viel Geld was du für mich ausgegeben hattest, als ich immer so viele Fehler machte, zu schnell gefahren oder meine Miete, welche Du mir immer bezahlt hattest, als ich ausgezogen war um 1 Jahr Zivildienst zu machen und Du hattest alles akzeptiert wie die Geschichte vom „Verlorenen Sohn"!

Und nun verstehe ich die Geschichte vom Verlorenen Sohn und ich fühle mich genau wie ein verlorener Sohn!

Aber ich habe immer noch die Hoffnung, dass Du mir vergibst und vielleicht zu einer Zeit und ich versuche es jeden und jeden Tag, dass du irgendwann Stolz auf mich sein kannst und ich habe so viel Druck in mir Drin und so viele negative Gedanken immer fühle ich mich schuldig und gebe mir die Schuld dafür, dass Du Krebs bekommen hattest in der Vergangenheit und so traurig warst wie ich es zuletzt in deinen Augen gesehen hatte und auch gespürt!

Aber ich konnte so viele Jahre nicht über meinen eigenen Schatten springen!

Und BABA ich werde jede Sekunde meines menschlichen Lebens mein Körper und meine Seele für Dich geben, so dass Du irgendwann für immer glücklich und in Liebe sein wirst!

Weil Du hattest mir immer gelehrt, dass Geld niemals das wichtigste in unserem Leben oder für unsere Seele diese Zeit ist!

Unser Bewusstsein erlangt Weisheit und Wissen!

Ich erinnere mich du hattest immer gesagt, dass immer ein anderer das Geld wegnehmen kann und wir alles verlieren können!

Aber Liebe und ein ehrliches Herz und ebenfalls unsere Seele, alles was wir erfahren nach so vielen Fehlern und egal hattest Du gesagt, Du hattest mir alle Zeit immer wieder geholfen und auch jedes Mal wenn ich dich angerufen hatte, warst Du innerhalb 7 Minuten bei Mir!

Ich danke dir so sehr BABA!

Und ich versuche immer noch und werde niemals selbst Aufgeben dich stolz und wieder glücklich zu machen!

Und ich weiss, dass ich es zu einer Zeit schaffen werde!

Weil ich Dein Sohn bin! Und wir geben niemals auf!

Weil die wahrhaftige und ehrliche Liebe von einem Vater zu seinen Sohn kann keiner zerstören oder vernichten! Zu keiner Zeit!

Und Du wirst sehen BABA! Ich werde Dich bald wieder stolz machen und für immer!

Weil von Dir hatte ich so viele gute Dinge und Ratschläge all die Zeit gelernt! Und ich werde mich ändern und dieses Mal höre und folge ich denen!

Weil du sagtest! Immer den Mittelweg!

Ich Liebe Dich BABA!

Bitte vergebe mir, ich vergebe Allen und ich danke Dir für Alles was Du für mich getan hattest! und ich bin immer für Dich da! Weil Du warst immer wahrhaftig und ehrlich mit wahrer Liebe zu mir!

Und das ist es! Wahrhaftig und ehrlich im Leben entschuldigen und vergeben!

Und der Rest ist die nächste Stufe für unsere Seele!

Nur wahre Liebe ist der Schlüssel!

Und am Ende lernen wir alle Stufe um Stufe mehr in unseren Seele!

Keiner ist Perfekt, oh ja das ist so war!

Und wenn wir lernen eines Tages wahrhaftig und ehrlich zu sein und wir bevor wir Schlafen gehen mit unserem Vater im Himmel oder unserem Schöpfer, alleine in unserem Raum mit geschlossener Tür!

Er wird uns immer hören, weil er weiss alle, er fühlt alles und sieht alles!

Weil in der spirituellen Realität oder in Euren Träumen er und alle Engel immer mit uns sind, wenn wir es wollen und daran glauben!

Und ich denke unser Schöpfer oder Gott zählt niemals unsere Sünden oder Fehler!

Weil er immer, wie unsere biologischen Eltern, uns immer wahrhaftig Liebt, deren Schöpfung und Kinder!

Aber wir Kinder haben ebenfalls zu Vertrauen und zurück zu Lieben! Stufe um Stufe!

Und wenn wir niemals in dieser zeit unserer Seele uns entschuldigen oder anderen vergeben! Einfach zu unserem Vater im Himmel und auch wenn man dazu bereit ist, dann nach einiger Zeit ebenfalls bei anderen Menschen entschuldigen, denen wir schlechtes angetan hatten! Ja!

Dies ist dann der beste Weg auch für unsere Seele frei zu werden von den negativen Energien, welche wir sonst immer im Unterbewusstsein haben und im Schlaf und Träumen jede Nacht!

Ich weiss es ist sehr hart eines Tages anderen zu vergeben, die was schlechtes getan hatten!

Und immer nur Sagen und nicht wahrhaftig und ehrlich vom Herzen aus und der Seele, unser Vater im Himmel fühlt alles!

Genau so wie wenn man zu einem Mädchen oder Jungen einfach nur sagt ich liebe Dich, aber niemals wahrhaftig und ehrlich!

Wenn Ihr nicht wahrhaftig und ehrlich zu Euren Eltern oder Brüder und Schwestern seid, sind diese ebenfalls traurig und werden Euch nicht helfen!

Und immer noch jeder denkt und glaubt oder handelt oder betet was jeder will oder sie denken was Ihnen hilft!

Aber meiner Erfahrung nach! Ja! Nachdem ich wahrhaftig und ehrlich alleine in meinem Zimmer mit geschlossener Tür, so viele viele Nächte so traurig und mit Schmerzen so viele Jahre war, zu einer Zeit vor 9 Monaten fühlte ich auf einmal die Power und Energy, welche ich noch niemals alle Jahre zuvor oder jemals in meinem menschlichen Leben gespürt hatte!

Und als ich jung war hatte ich oft gebetet, immer von so vielen Büchern von Menschen geschrieben, aber ich hatte niemals etwas gespürt oder auch von so vielen gedruckten Gebeten, welche niemals zu meinen Sorgen gepasst hatten!

Jeder und jede Seele hat verschiedene Sorgen!

Und was alle anderen schreiben ist in Ordnung! Warum nicht! ich will nur alleine in meinem privaten Raum und nicht in großen Tempeln beten wo alle anderen mich sehen können!

Weil manchmal ist man traurig und weint und dann schauen andere einem zu?

Mir gefällt das nicht und ebenfalls in der Vergangenheit hatte ich niemals ein Gefühl gespürt oder sagen wir einfach irgendeine höhere Energie oder nur wahre Liebe!

Und dieses Gefühl, welches ich die letzen 9 Monate hatte, war 1000 Mal mächtiger und besser als jede Liebe, welche ich jemals von einer Frau im Leben fühlte!

Und ich hatte in der Vergangenheit viele Fehler gemacht! Ich wies! Ich bin nicht stolz darauf!

Aber ich hatte niemals jemanden getötet, vergewaltigt oder Gestohlen oder anderes Schlechte hatte ich nie getan!

Weil ich wollte immer, dass jeder mit mir am Tisch sitzt glücklich ist und ebenfalls so wie ich es bin ist!

Aber ich hatte oft mit Gefühlen oder Herzen von anderen Frauen gespielt und nach so vielen Jahren war ich 2 Mal so richtig wie jetzt auch in Herzschmerz!

Ich habe begriffen, dass was ich getan hatte nicht wahrhaftig und ehrlich zu Reden wie ich mag Dich oder einfach ich liebe Dich, aber niemals wahrhaftig und ehrlich gemeint, nur um einen Kuss zu bekommen oder Sex! Ja!

Und das war niemals und niemals der Weg, andere Seelen einfach und einfach nur Schmerz und Traurigkeit und Schlechtes zu bereiten!

Ich möchte mich gerne bei Allen entschuldigen, zu denen ich schlecht, falsch war und Traurigkeit und Schmerzen angetan hatte!

Ich hoffe Ihr alle könnt mir Bitte zu einer Zeit in Eurem Herz und Seele vergeben!

Ich vergebe auch Allen, die zu mir schlecht waren!

Weil es tut mir wirklich sehr Leid!

Nach so vielen Jahren von vielen schlechten Handlungen oder Gedanken und viele Fehler habe ich es begriffen!

Ich möchte nie wieder auch nur einer Seele schlechtes oder Trauer antun!

Ich hatte niemals so viel über andere Personen nachgedacht, weil ich immer auf der Suche war einfach selbst glücklich zu werden oder nur eine wahrhaftige und ehrliche Liebe oder Freundin zu finden!

Aber ich hatte alles immer nur falsch gemacht und bin immer den falschen Weg gegangen!

Und wenn man jung ist denkt man viel Geld zu machen und Geschäfte und ebenfalls träumte ich von einem FERRARI einer ROLEX und YACHT! Und ebenfalls einer hübschen Freundin! und ebenso eines Tages meinen Vater stolz auf mich zu machen!

Aber am Ende nach 43 Jahren bin ich immer noch auf dem falschen Weg!

Und nun habe ich verstanden immer nur nach Liebe suchen oder einer Frau und dachte einfach nur Sex zu haben ist Liebe!

Und ich sage Euch Allen! ich hoffe wirklich für Euch Ihr macht nicht so viele Fehler wie ich!

Weil nach über 22 Jahren ist es sehr hart aus diesen Schmerzen und der Traurigkeit zu entfliehen!

Aber ich werde niemals selbst aufgeben!

Ich hoffe einfach nur, dass ich vor allem der jungen Generation meine Story erzählen kann und diese sie hören und vielleicht nicht alles machen werden, wie ich es tat und mich all die Zeit fühlte!

Das wünsche ich keinem im ganzen Universum!

So und nun muss ich mich ausruhen!

Aber ich kann Euch sagen, dass dieses 2. Mal Schreiben macht meine Gefühle und Seele ein wenig besser!

Ich fühle mich nun ein wenig freier im Leben und meiner Seele und ich werde alles versuchen mich zu ändern in meinem Leben!

Und ich gebe jederzeit mein Leben und Seele einfach nur um alle, denen ich schlechtes, trauriges angetan hatte oder Schmerzen, so dass alle nur einfach glücklich werden und Lächeln!

Und vor allem meine wahre Liebe! Es tut mir Leid!

LYA

Kapitel 4

Wer bin ich? Ja dies ist die große Frage! Ich sage nur ich bin wie ein großer Bruder oder einfach nur ein guter Freund!

Mein menschlich biologischer Hintergrund is sehr lustig! Ich bin in Teheran geboren in Persien!

Ich mag den Namen Persien mehr als den Namen Iran!

Weil ich mag es nicht wenn alle Nationen nur von religiösen Systemen beherrscht werden und deren sogenannten Heiligen, wie sie zu denken mögen, mit Ihren Gesetzen herrschen!

Wenn man zum Vater im Himmel betet, dann geh alleine in Dein Raum und schließe die Tür!

Für mich, der ich nun seit Jahren, sagen wir einmal versuche die Wahrheit zu ergründen oder auch woher wir kommen und warum wir Leben, der Grund dafür und was passiert am Ende mit unserer Seele, wenn unser physischer Körper tot ist?

Seit meiner Kindheit bin aus familiärer Tradition sehr religiös aufgewachsen!

Von Beginn an als Kind glaubte ich oder hatte ich immer etwas in mir, dass es ein Gott existiert oder so etwas wie einen Schöpfer oder höhere Macht oder Energie oder irgendwas was uns und auch den Planeten und mehr erschaffen hat!

Somit war ich also immer auf der Suche nach ihm oder dies oder das!

Weil immer noch, wie in der Vergangenheit, ist es immer noch Glauben und niemals können wir dies mit unseren menschlichen Augen sehen!

So viele viele Jahre war ich auf der Suche bis vor einigen Monaten hatte ich es gefunden!

Für mich war Religion wie so eine Schulklasse in der man hingeht und alle zusammen beten am Anfang an viele Gebete von so vielen verschiedenen schönen und intelligenten Menschen, die einen nennen diese Propheten oder egal auch wie!

Eigentlich wenn die Worte und dann auch die Früchte eines Baumes gut sind, warum nicht!

Jeder kann immer noch Denken und Glauben was sie wollen und ebenfalls Handeln und Tun, wir sind frei und keine Maschinen!

Ich bin niemals gegen Menschen die mit wahrer Liebe handeln und ehrlich und nicht einfach nur immer Profit oder ein Geschäft, wie in der Vergangenheit als der Tempel gereinigt werden musste!

Wenn ein Baum gute Früchte bringt, ich mag diese Bäume egal wo dieser Baum steht oder wächst!

Aber des öfteren müssen wir aufpassen, da wir denken das ein Baum gut ist oder deren Früchte, aber eines Tages vielleicht kann auch ein guter Baum die nächste Saison keine guten Früchte mehr hervorbringen! Warum?

Ein Baum benötigt immer so etwas wie einen Gärtner, welcher sich darum kümmert über den Baum, so dass die Früchte nicht schlecht werden oder zu wenig Wasser oder

Sonne und ebenfalls beschützt vor Insekten, welchen den Baum und die Früchte befallen!

Einige Bäume sind neu andere älter und ebenfalls einige sehr alt! Und von Anfang an sind die Samen von vielen Baumen gut!

Aber öfters nach einigen Jahren, wenn der Gärtner sich wechselt und dann wird ein neue oder anderer Gärtner sein, stellt sich die Frage ist der nachfolgende Gärtner genau so wie der erste Gärtner, welcher den guten Samen gesetzt hatte und und alle Jahre die guten Früchte hervorbrachte!

Oder ist es wie so oft auch in der Vergangenheit und immer und immer wieder nun immer neue Gärtner folgten um über die guten alten Bäume mit den guten Früchten zu sorgen? Ja! Des öfteren oder meistens ist der neue Gärtner nicht der gleiche wie der, der welcher den guten samen gepflanzt hatte mit all seiner Liebe und ebenfalls all seiner Macht und Energie und so viel Arbeit und Vorsorge den ganzen Tag und Nacht hineingesteckt hatte, wie in einem Familienunternehmen, welches ein Vater gründete und einmal dann wenn er älter geworden ist, meistens dem einem Sohn oder Anderen die Firma übergeben hatte oder den Garten mit all seinen guten und gesunden Bäumen und Früchten!

Es ist in Ordnung weil viele Söhne oder andere immer noch darum kümmern und handeln und arbeiten so wie der Vater es tat in der Vergangenheit und ebenfalls so denken wie we mit wahrhaftiger und ehrlicher Liebe!

Aber wir all wissen wie so oft und viele Male in der Vergangenheit immer und immer wieder, nachdem die Nachfolger oder die Söhne kamen, hatten diese die Firma oder den Garten einfach nur wie eine Firma für mehr und mehr Profit und nicht wie der Vater wie ein Garten für seine Familie und Kinder und Enkel geführt, so dass eines Tages man ebenfalls in dem großen Garten viele Helfer oder Arbeiter hat, da es alleine zu viel Arbeit ist!

Und dies ist gut! Weil dann hat man ebenfalls Arbeiter und Angestellte in Eurem Garten, welche alle zusammen die Arbeit verrichten und sich kümmern und mit Liebe und ebenfalls mit gutem Einkommen für die Arbeiter, denn in einem Familienunternehmen wo ihr arbeitet, seh Ihr als Arbeiter jeden Tag Euren Boss und ebenfalls arbeitet man und redet man miteinander oder wenn man Probleme hat, redet Ihr auch mit Eurem Boss, manchmal nicht nur weil es der Job ist sondern oft wie eine 2. Familie und Ihr fühlt Euch gut und ihr seid zufrieden und ebenfalls werdet Ihr von Eurem Boss geschätzt!

Aber wenn Ihr niemals wie ein Vater in der Vergangenheit werdet oder ein Boss eines Familienunternehmen mit Euren eigenen Herz und Seele und Liebe und Energie Tag für Tag so hart arbeiten würdet und viele Stunden meistens mehr als ein normaler Angestellter arbeitet!

Wenn Ihr niemals von selbst beginnt von Anfang an! Ja!

Viele der Söhne oder Nachfolger verwandeln dann oft und denken und handeln früher oder später immer größer und mächtiger oder größer wie die Nachbar Unternehmen oder Alle zu werden!

Und dann ist das Problem mit diesen, nachdem der Vater immer von Beginn an mit Liebe gegründet hatte, sie dann anfangen und ändern die nette und ehrliche Familie den Garten oder die Firma um diese grösser zu machen und viel Arbeiter um mehr Profit oder Geld zu machen am Ende!

Und wir alle wissen, wenn wir immer nur mehr und mehr wollen, dann zuerst wird die wahre Liebe von Tag zu Tag und ebenso das Kümmern um Eure Arbeiter abnehmen, weil vom Economischen Standpunkt her betrachtet mehr Geld, dann auch muss man mehr an Kosten und mehr einsparen!

Also wenn Ihr dann eines Tages groß geworden seit, dann bekommen die neuen Arbeiter niemals den guten und ehrlichen alten Vertrag mit Liebe und für das Wohl der Arbeiter, wie es zuvor der Vater denen gab in der Vergangenheit!

Weil zu teuer, dann haben diese ja weniger Geld am Ende des Monats und ebenfalls mehr Stunden zu arbeiten und auch weniger Tage Urlaub!

Und ebenfalls heute zu Tage bezahlen viele Firmen nicht einmal mehr Urlaubsgeld oder auch Weihnachtsgeld!

Meistens ist heute alles All Inclusive in Eurem Vertrag!

Und dann fängt es langsam an, dass Eure Arbeiter einfach wie kleine Roboter sind, weil wenn Ihr großen Firmen eines Tages so groß geworden seit, sieht kein Arbeiter mehr Ihren Boss oder irgendeinen!

Immer nur Arbeiten und Arbeiten!

Und wenn Ihr Probleme habt oder etwas anderes oder wenn Ohr einfach mal nicht funktioniert, dann iseit Ihr Game Over!

Und viele müssen, eigentlich fast alle, arbeiten in diesem kapitalistischen System in dem wir leben, denn heute zu Tage in der Gesellschaft ohne Geld oder ohne Geld für Essen oder einen Platz zu Wohnen sind wir nichts! Und vieles mehr!

Ebenfalls wenn wir im Bett sind vor dem Schlafen denken wir oft daran, wie wir das nächste Essen oder so viele Rechnungen oder wie wir die Miete bezahlen sollen oder vielleicht die nächsten Klamotten für die Kinder oder deren nächste Klassenfahrt! So viele viele Rechnungen und Sorgen und über 66 % immer finanziell!

So viele fallen jede Nacht bevor sie einschlafen mit Sorgen und negativen Energien in den Schlaf oder Träumen!

Das ist nicht nur traurig, sondern ich weiss auch Ihr wacht alle auf wenn die Sonne morgens aufgeht mit keinen positiven Gefühlen!

Und dann immer dieser Druck die ganze Zeit!

Die ganze Familie hat meistens nicht einmal 30 Minuten zusammen Zeit!

Hey Mama Hey Papa! Guten Morgen! Ich Liebe Euch!

Ebenso keine Zeit für Frühstück alle zusammen!

Und dies ist sehr traurig!

Weil wenn der Morgenstern ist am leuchten und Ihr habt kein Frühstück oder vielleicht spirituelle Nahrung?

Wie ebenfalls auch Hallo Vater im Himmel, ich danke Dir für diesen neuen Tag! Ich übe Dich! Und das wars!

Dann starten die meisten von Euch in einen neuen Tag mit Hektik, nachdem Ihr nichtmal gut geschlafen hattet, und geht zur Arbeit oder Schule!

Und Eure Power oder Energie eigentlich Euer Akku oder Batterie Eures Bewusstsein oder Seele ist nicht voll aufgeladen!

Und eines Tages wenn Euer Smartphone nicht volle Ladung hat?

Schon sehr früh am Tag wir Euer Smartphone Akku oder die Batterie Eures Bewusstsein leer sein und Ihr seid ohne Energie mehr und nur noch mehr Stress als Spass und Freude oder Zufriedenheit in was Ihr macht und lebt und ebenso ein Drittel im menschlichen Leben haben wir zu Arbeiten in diesem System! Ein Drittel unseres Lebens Schlafen wir! Also bleibt uns maximal für uns selbst das letzte Drittel eines Tages unsere Lebens!

Wenn Ihr zur Schule geht oder Arbeiten und Ihr dies wirklich liebt, dann lädt sich Euere Batterie schon währenddessen bei der Schule oder Arbeit wieder auf!

Das ist sehr gut und somit benötigt Ihr kein Akku Ladegerät!

Aber was ist wenn Ihr Schule oder die Arbeit nicht mögt!

Eigentlich 100 Prozent Schule oder Arbeit ist ist niemals Zufriedenheit oder Spass!

Aber immer 50 Prozent ist genug um unsere seelische Batterie aufzuladen jeden Tag!

Wenn man 100 % kein Spass oder Hasst, dann ist es sehr schlecht!

Weil dann geht schnell unsere Batterie schnell leer und und wir müssen bis Abends warten um diese wieder aufzuladen!

Ebenso oft nach einigen Monaten geht Unsere Batterie geht so schnell leer und Wir sind mehr traurig und unglücklich in unserem Leben!

Und dann kommt man von der Schule oder Arbeit nach Hause und man hatte keinen der auf einen wartet mit wahrhaftiger und ehrlicher Liebe auf Euch? Ja!

Und dann welches Ladegerät benutzt man dann nun um die Batterie aufzuladen? Nicht einfach!

So viele von uns öffnen dann einfach eine Bier Flasche und sitzen auf der Couch müde von der harten und stressigen Arbeit und trinken Bier und schauen Sport oder TV! Es ist in Ordnung! Nicht schlecht! Aber 5 Tage unter der Woche? Hmm! Eines Tages werden wir frustriert!

Also besser ist es Sport zu machen, aber ich weiss Sport machen, nachdem wir 8 Stunden gearbeitet hatten PUUUHHH! Das hatte mir nie gefallen!

Und danach denken wir, dass wir mit materiellen Zeugs wie Bier oder Wein uns dann besser fühlen und unseren Stress oder negative Energie verlieren, zu Beginn an funktioniert es immer! Aber wir alle wissen es!

Auch ein paar Wochen nicht nur ein Glas Wein oder eine Flasche Bier! Ja! Dann zwei oder mehr, Stufe um Stufe benötigen wir immer mehr um unser Level oder Promille im Blut zu Bekommen für die Dopamine, damit wir uns besser fühlen und keinen Stress mehr haben oder zufrieden fühlen!

Und schon bald werden wir von den Medizinern als Alkoholiker eingestuft!

Die einen sind körperliche andere sind psychologische! Oh Ja! Ich hasse sehr oft alle diese medizinischen Ausdrücke! Weil dann bekomme ich noch mehr Angst! Oh Scheisse, ich bin krank oder nicht normal! Und wenn der Schöpfer gewollt hätte, dass wir niemals ein Glas Wein trinken sollen? Hmm!

Warum sind wir dann „Homo Sapiens" und keine Fische? Weil Fische trinken ja nur Wasser und kein Bier oder Wein!

Aber das Problem ist, wenn wir von Beginn an unserer Kindheit nicht gelehrt werden, wie gefährlich nicht nur Alkohol, viele anderen Sachen, von denen wir so starke Abhängigkeit bekommen! Immer in allen Sachen den Mittelweg!

Und am Ende ebenfalls niemals wenn wir gestresst sind oder Sorgen oder Probleme haben oder auch sehr wichtig, wenn wir traurig sind!

Zu keiner Zeit machen materielle Substanzen, alles was uns Dopamine in unserer Gehirn bereitet, frei von Stress oder nur um glücklich zu sein oder Anderes!

Was ihr tun werden wir erhalten! Und wenn wir zu viel Trinken bekommen wir einen „HANGOVER!

Manchmal mehr und manchmal weniger! Aber dann meistens nach dem Hangover haben wir nicht unsere Hochzeit :)

Also wenn man immer nur „Lernen beim Tun", so wie ich es immer getan hatte und auch liebte! Ja! Das könnte sehr gefährlich werden! Weil wir alle wissen ja von so vielen Studien von Abhängigkeiten und so viele verschiedene Arten!

Und eigentlich ist die Dunkelzimmer doppelt so hoch wie von allen sogenannten Studien!

Warum? Ja, es ist menschlich!

Wir mögen es niemals gross zu anderen Personen zu sprechen oder auch zu Freunden oder Ärzten über unsere schweren Probleme, weil die Gesellschaft lehrte uns ja immer wir müssen stark sein, ein Gewinner und keine Zeit für Looser!

Und ebenfalls, welchen von unseren sogenannten besten Freunden können wir wirklich vertrauen und über reale

Sorgen und Probleme sprechen, so dass diese nicht in den nächsten 6 Stunden alles hinter unseren Rücken weiter erzählen?

Nicht viele! Eigentlich, wenn man eines Tages nur Einen hat? Ja! Dann ist man gesegnet!

Aber „You are Not alone"! Ja! Das ist jemand wie ein Vater oder Schöpfer mit dem wir jeden Tag abends in unserem Raum alleine reden können und ihm können wir vertrauen! Weil er erzählt niemals anderen Freunden oder Menschen was Ihr betet oder einfach nur erzählt zu Ihm!

Aber er hört nur, wenn man wahrhaftig und ehrlich ist!

Andererseits er hat so viel viel Arbeit und so viele andere Sorgen sich anzuhören, wenn wir nicht wahrhaftig und ehrlich sind, dann hat der nächste Vorrang!

Aber wenn man wahrhaftig und ehrlich ist, dann wird er uns niemals alleine lassen in der Nacht in unseren Träumen und ebenso können wir niemals mit unseren menschlichen Augen ihn sehen oder mit unseren Ohren ihn Hören, aber wir können einfach nur eine Energie fühlen wie wahre Liebe!

Und nach 43 Jahren fühle ich aktuell diese Energie oder einfach nur Liebe!

Und diese Energie oder „Power of Love" oder Heiliger Geist sagen wir mal!

Dies fühlt sich 1000 Mal stärker und wärmer an, als alles was ich jemals in diesem menschlichen Leben in meinem Herz oder Seele gefühlt hatte!

Aber es sind meine Gefühle vielleicht fühlt Ihr ja anders?

Aber ich hoffe und bete für Alle, dass irgendwann jeder von Euch, wer abends wahrhaftig und ehrlich alleine vor dem Schlafen gehen, in Eurem Raum mit geschlossener Tür dies fühlt! Ja! So dass er auch zuhören wird und Ihr einfach nur sagen wir Liebe fühlt!

Und dann ist es nur der Beginn oder die erste Stufe!

Weil wenn wir denken, dass wir nur einmal oder Sekunden oder Minuten oder auch Stunden diesen Geist oder Liebe spüren können, und dann sind wir perfekt oder 100 Prozent zufrieden? Niemals!

Wenn wir uns in ein Mädchen oder Jungen dass erste Mal wahrhaftig und ehrlich verlieben? Ja! Ihr werdet niemals am nächsten Morgen diese Liebe heiraten oder?!

Stufe um Stufe, Tag um Tag oder besser gesagt Zeit um Zeit, weil Liebe und unsere Seele ist zeitlos!

Wahre Liebe benötigt immer Zeit und viel viel!

Ebenso in dieser Zeit von unserem Seelenleben auf der Erde! Und wie bekommen wir nun zu einer Zeit wahrhaftige und ehrliche Liebe und nicht nur einseitige, wie es so oft der Fall ist!

Wahrhaftige und ehrliche Liebe von beiden Seiten oder beiden Seelen!

Wenn wir niemals Fallen? Ja! Zu keiner Zeit traurig oder unglücklich oder auch Herzschmerz von der Liebe oder andere taten uns schlechtes oder böses? Ja!

Eure Seele würde zu einer Zeit, wenn diese bereit ist aber nur wahrhaftig und ehrlich, nach so vielen guten und meistens schlechten und traurigen Erfahrungen dann bereit sein oder im Stande sein zu Fühlen und zu Begreifen, was wahrhaftige und ehrliche Liebe in Eurer Seele und Herz und ebenfalls zu wahrhaftig und ehrliche Liebe zu Geben!

Weil meistens, wenn wir mehr Geben und dann Sehen oder Fühlen die andere Seele oder Person, deren wir Liebe gaben oder sagen wir einfach, dass sie wieder lächeln kann, wahrhaftig und ehrlich!

Dann wird man viel mehr glücklich, als wenn man nur ein Glas Whiskey oder Wein oder Bier oder Champagner trinkt oder ein Steak oder Kaviar oder materielle Dinge, die wir konsumieren. Materielle Dinge geben uns nur kurzfristig Dopamine und machen uns ein wenig glücklich oder nur für den Moment zufrieden! Wenn wir mit dem Zeug dann wieder stoppen fühlen wir uns schnell wieder leer in uns!

Immer den Mittelweg!

Weil 100 Prozent nur Liebe? Ja! Ebenfalls nicht perfekt oder gut!

Weil wahrhaftige und ehrliche Liebe oder Seele benötigt ebenfalls ein wenig Freiraum oder Freier Weltraum, wie das Universum, niemals zu viel oder zu wenig!

In allen Bereichen der Seele und im Leben!

Andererseits zu viel positive Energie oder auch von Liebe kann man sehr schnell überladen werden!

Weil man muss ebenfalls Trinken oder Wasser oder Brot zu sich nehmen und nicht 24 / 7 / 365 Tage am Stück nur Liebe machen :)

Zu Beginn an ist normal und gut! Weil wenn wir in Liebe sind, falls Ihr Euch erinnert, fühlen wir uns immer von Null auf Hundert so glücklich so in Liebe so verrückt nach Liebe und ebenso am Anfang an wenn man in Liebe ist und etwas erschaffen will benötigen wir alle Volle Energie!

Aber wir können nicht 7 Tage die Woche arbeiten! 1 Tag Pause! Minimum!

Wenn wir alles immer nur 100 Prozent machen, dann bekommen wir schnell einen „BURNOUT" ebenfalls von Liebe!

Wenn wir kein Brot oder Wasser oder Flüssigkeiten zu uns nehmen, dann sind auch keine Spermien möglich, immer am Ende den Mittelweg!

Aber als ein menschliches Wesen können wir immer noch wählen und tun was wir wollen!

Vielleicht schaut Euch ja eines Tages „BIG BROTHER" zu?

Dann wird es nicht mehr einfach sein Freier Wille zu haben oder frei zu Handeln und am Ende das wichtigste Freies Denken!

Ein Roboter oder eine Maschine ist immer programmiert von anderen und meistens um mehr Profit für Geld und Gold zu machen!

Aber ein Roboter is in Ordnung für manche Dinge! Aber vergesst niemals, ein Roboter kann niemals Küssen oder kann Liebe geben und ebenfalls kann ein Roboter niemals freien Willen oder frei zu Denken!

Und ebenso kann ein Roboter niemals sein, wenn Ihr alle gechippt werdet und mutiert oder geklont seit, zurück geändert werden!

Ein Oldtimer, dessen Fahrgestell, ist immer ein Oldtimer!

Man kann diesem lackieren und reparieren und ebenfalls Tunen mit Felgen und Motor! Aber das Fahrgestell kann man niemals ändern!

Oder Ihr müsst dann die Fahrgestellnummer nehmen wie, falls Ihr Euch erinnert, bei so vielen Totalschäden die Autos erlitten hatten? Ja! Diese gehen dann alle in andere

Länder und viele Geschäftsleute reparieren diese dann wieder!

Aber immer mit Lügen! Unfallfrei und aus Erster Hand und viel mehr Lügen! Und ebenso sehr billig und meistens schlecht und gefährlich repariert nur für hohen Profit!

Niemals zum Schutz Euch Menschen!

Und wir alle wissen, dass diese Personen oder Firmen oder auch wie die MAFIA. Und wenn man eines Tages ein wenig schlau wird und dann in einem ausländischen Land wie Amerika ging es eine Liste genannt „CARFAX"!

Dann wisst Ihr die alte Historie über dieses Auto!

Wie so viele Bücher in der Bibliothek von Alexandria, welche die meisten in der Vergangenheit verbrannt wurden, aber immer noch 1 Drittel versteckt sind!

Und dann wenn Ihr eines Tages die Geschichte über viele Dinge erfahren solltet, Ihr habt ja auch nicht nur eine Auto Modell oder Hersteller oder Glaubens System, Richtig?!

Wenn wir dann eines Tages mehr über die alte wahre Geschichte uns der Vergangenheit wissen werden wir alle sehen!

Weil schaue nicht nach einem gebrauchten oder ein gebrauchtes Auto aus dem Ausland, welches zuvor einen Totalschaden erlitt und ebenso wo keine Ehefrau und Kinder oder Hund drin gesessen hatten!!!

Und ich weiss 1000 Prozent was Ihr ebenfalls nicht wollt!

Weil wir Lieben unsere Familie und Kinder und die Tiere und die Natur des Planeten Erde wahrhaftig und ehrlich!

Und diese Firmen oder Temple aus der Vergangenheit, welchen so viele folgen, so vielen und vielen Gärtnern all die Jahre und Jahre bis heute zu Tage!

Keine Zeit hatten diese es von Anfang an mit wahrer Liebe, wie als von Anfang an der Vater und erschaffen hatte und für alle Menschenkinder Liebe und vor allem den Tieren und sehr wichtig die Natur, weil dies ist der „CIRCLE OF LIFE"!

Die Natur ist wie Eure Mutter! Weil sie hat Euch geboren und gab Euch das Leben!

Und der Vater im Himmel gab Euch die Seele!

Wow! Schreiben macht wirklich sehr viel Spass!

Ich kann nur allen sagen, falls Ihr es eines Tages auch einmal wollt, versucht es einfach!

Und eigentlich schriebe ich gerade auf einer Schreibmaschine und nicht am PC oder „MACBOOK"!

Weil es macht 1000 Mal mehr Spass das Geräusch von Metall, wenn es dann die Buchstaben auf das Papier tippt!

Es klingt wie ein Oldtimer mit 8 Zylinder „BIG BLOCK" von einem DODGE CHALLENGER!

Aber niemals „TO FAST AND FURIOUS" :)

Weil immer der Motor und unser Bewusstsein und Seele muss erst warm werden wie wenn man ein hübsche Frau, die man liebt, in Eurem Bett und Alleine mit geschlossener Tür unter 4 Augen, und nicht andere Spionieren oder man hat eine Cam oder man schaut dabei Pornos!

Weil wie so viele Bücher Kritiker! Diese sind meistens so oft gelangweilt in ihrem Bett, weil diese selbst keine wahre

Liebe haben und schauen immer was die anderen Schreiben und dann meistens immer negative Kommentare oder Kritik abgeben, dann Hey, es ist in Ordnung, warum nicht! Keiner benötig Preise!

Das ist alles nur um Geschäft zu machen und niemals um Liebe und anderen Helfen oder einfach nur um Informationen zu bekommen und Stories über das Leben und ebenso Probleme und vielleicht können diese sich dann auch mit dem Autor identifizieren und fühlen sich nicht immer alleine in dieser Realen Welt!

Diese Kritiker, die immer nur schlechte Kommentare und Meinungen Abgeben und Schreiben sind meistens am Abend niemals mit ihrer wahren Liebe und über den Lebenspartner so frustriert und über andere Schreiben oder Sagen oder Tun, einfach so wie sie mit Ihren so genannten ehrlichen Lebenspartnern abends dann Porno Videos anschauen, nur um zu sehen was andere Sagen oder Tun um einfach sich ein wenig besser zu fühlen.

An alle die sich nun vielleicht von mir angegriffen fühlen?

Ja! Vielleicht fangt einfach mal an auch ein eigenes Buch oder Story schreiben und niemals am Ende versuchen gut zu sein andere Leser zu überzeugen, weil zuerst Benötigen wir immer wahrhaftige Liebe in unserem Herz und Seele wahrhaftig und ehrliche Liebe!

Ohne wahrhaftige und ehrliche Liebe? Ja! Kann es niemals auch nur eine Schöpfung gennant werden!

Aber es ist ebenfalls nicht wichtig! Weil könnt Ihr es immer noch versuchen, nachdem Ihr fertig sind? Ja! Ihr könnt dann Eure eigene Kritik über Euer eigenes Buch schreiben! Habt Spass!

Aber Keiner ist Perfekt und Ihr Alle könnt mich Kritisieren!

Es ist in Ordnung! Ich werde Euch immer Vergeben!

Aber vergesst niemals! Unser freier Wille und unsere Seele!

Und wir können ja einfach nur hören und ebenso diese Lieben, die wir möchten und allen anderen? Ja!

Wir schließen einfach Die Tür in unserem Bewusstsein!

Und dann keine Trauer mehr und keine frustrierte Dämonen können uns mehr Ärgern oder traurig machen!

Weil wir haben immer den Schlüssel zu unserer eigenen Tür!

Und wir, jede einzelne Person und Seele kann diesen benutzen! Es ist unsere eigene Entscheidung! Weil in der Nacht schließen wir ja auch die Tür unseres Hauses zu, wenn wir schlafen gehen!

Und ich weiss! Ja! Kritik ist in Ordnung! Aber niemals zu viel oder zu schlechte oder zu unhöfliche oder ähnliches! Ein wenig neutrale und immer mit Respekt!

Weil mögen wir es, wenn uns jemand kritisiert? Das ist eigentlich sehr wichtig! Um zu Lernen und besser zu werden, aber nur von wahrhaftig und ehrlichen Seelen oder Personen, die uns wirklich wahrhaftig und ehrlich Lieben und Kritik ist immer unter 4 Augen und niemals zu schlecht oder ohne Respekt oder andere Lachen im TV oder in den Zeitungen!

Was ist dies nur für eine Gesellschaft?!

Unsere Kinder werden von Anfang an gelehrt immer die Besten und Stärksten zu sein!

immer die besten Noten oder der Beste in Sport um eines Tages ein Star oder Sport Spieler zu sein um Millionen Geld zu bekommen?

Habt Ihr jemals an Eure Kinder gedacht, wie diese sich fühlen oder was diese wollen und was sie in ihren Herzen fühlen?

Lieben Kinder immer nur Geld oder der Beste zu sein? Niemals! Kinder sind immer von Beginn an wahrhaftig und ehrlich alle!

Und viele von Euch machen am Ende aus diesen kleine Monster oder „Gremlins"!

Kinder lieben andere Brüder und Schwestern von allen Nationen, egal welcher Hintergrund oder Farbe!

Kinder lieben es zur Schule zu gehen!

Aber sie wollen wahrhaftig und ehrlich mit Liebe und sich kommende Lehrer, wo sie am Ende ebenfalls neutral und nicht immer nach Antipathie oder Sympathie benotet werden, wie zum Beispiel man bekommt in einem Test eine 4! Und dann immer am Ende des Schuljahres bekommen wir meistens in der mündlichen Bewertung im Klassenunterricht die selbe Note wie im schriftlichen!

Egal ob wir uns angestrengt hatten um besser zu werden oder nach einer schlechten Note wir versucht hatten im Klassenunterricht mehr mitgearbeitet und geredet hatten!

Aber meistens dann immer die gleichen Noten wie im letzten Test zuletzt!

Und vor allem die Kinder, die in der ersten Reihe sitzen vor dem Lehrer, bekamen immer die besten Noten, aber viele von denen hatten niemals selbst auch nur ein Wort gesagt oder mitgearbeitet im Klassenunterricht!

Aber diese hatten immer bessere Noten bekommen, wie wir die eigentlich 1000 Mal mehr sich beteiligten in der Klasse nach einem schlechten Test!

Und das ist in jeder Klasse in jeder Schule!

Weil Lehrer sind immer noch keine Roboter!

Sie sind einfach Menschen und keiner ist Perfekt!

Aber wir können alle nur Besser werden und von vergangenen Fehlern Lernen und vor allem für die Zukunft unserer Kinder!

Und die Kinder müssen in der Zukunft ebenfalls Mitspracherecht in der Politik bekommen mit der alten Generation!

Und vielleicht wenn eines Tages ein Tiere zu Euch sprechen könnte?

Ja! Vielleicht eines Tages dann wäre ich sehr gespannt, was diese dann über Euch „Homo Sapiens" sagen würden? Oh Ja! Und vielleicht haben ja auch eines Tages auch alle Tiere im Parlament eine Stimme! Dann hoffe ich für Euch Alle, dass nicht wie aus „JURASSIC PARC" ein THYRANNUS SAURUS REX zu Euch sprechen würde!

Und wenn alle Tiere genau so wie so viele von Euch „Homo Sapiens" handeln würden? Ja! Wenn diese ebenfalls Krieg machen würden wie Ihr es tat?

GAME OVER HOMO SAPIENS!

Besser schlau zu sein und werdet wieder zu Kindern wie Eure Kinder es sind!

Wahrhaftige und ehrliche Liebe!

Was wir sähen werden wir ernten!

Und was wäre, wenn wir nach dem Tod vielleicht ein Tier werden?

Hmm! Wir wissen es nicht! Aber denkt einfach darüber nach? Wie würdet Ihr Euch fühlen, wenn zu Kriegszeiten ein stärkerer kommt und Euer Haus nimmt und Euch all tötet und schmutzige Sachen mit Eueren Ehefrauen und Kindern machen würde? Würdet Ihr das Mögen?

Und vielleicht, wenn Ihr eines Tages einen Deutschen Schäferhund oder einen anderen Hund? JA! Ein Hund oder Tier wird Euch immer beschützen und Eure Familie mit seinem letzten Blutstropfen!

Ein Tier würde an das Kreuz gehen für Euch Menschen!

Aber immer und immer wieder schwimmen die meisten mit dem Sardinen Schwarm und nur in dieser Realität, welche wir nur mit unseren materiellen Augen sehen!

Und Liebe könnt Ihr niemals Sehen mit Euren Augen oder Emotionen und Gefühle, aber wenn man in Liebe glaubt? Hmm! Es ist in Ordnung! Weil viele verändern sich und denken das Sex is wie wahrhaftige und ehrliche Liebe!

Aber alle erfahren nach nur kurzer Zeit!

Wahrhaftige und ehrliche Liebe ist niemals sexuell!

Immer spirituelle!

Aber alle alle unsere einzelne Seele hat dies zu lernen und fühlen und am Ende jeder selbst!

Aber wenn wir eines Tages unsere DNA ändern oder gechippt werden oder manipuliert? Ja! Dann ist es zu spät! Und wenn Ihr Euch auch daran erinnert?

Ein Sportwagen, den Ihr liebt, in genau so, wenn man diesen eines Tages fährt oder kauft?

Wir lieben es immer einen original Sportwagen zu fahren wie einen PORSCHE TURBO oder MERCEDES SL AMG oder FERRARI!

Und niemals ein normales Auto mit normalen Motor, welches von Außen getunt wurde oder so aussieht wie Original mit dem Motor und Original Pferdestärken! Und Kein Chip im Motor oder Gehirn eines Tages um besser zu Denken oder um schneller zu werden! Weil alle diese alle niemals originalen und getunten Autos fahren niemals lange und am Ende will diese auch keiner haben!

Aber wenn man sich kümmert und langsam fährt von Anfang an und ebenso manchmal schnell, aber immer auf die anderen Verkehrsteilnehmer achten oder Nachbarn auf der Strasse! Damit man niemals einen Totalschaden bekommt oder einen Unfall und eines Tages dann werden dann auch die neuen Generationen den schönen Oldtimer Lieben wie „OLDSCHOOL" Musik oder anderes!

Alt ist niemals Neu! Und neu kann man niemals alt machen!Aber ein Großvater liebt ebenfalls wahrhaftig und ehrlich seine Enkelkinder sehr und alle Enkelkinder lieben immer ihren Großvater und Großmutter sehr!

Weil ein Großvater macht niemals so strenge Regeln oder erlaubt Euch mehr und meistens werden dann die Eltern immer sauer!

So ich frage mich nun warum Religionen nach und nach den Großvater immer stärker und strenger darstellen?

Oh Ja! Ihr hat es alle verstanden!

Mein anderer Hintergrund meiner mütterlichen Seite ist deutsch! Aber mein Ur Großvater war aus Dänemark!

Somit bin ich also auch ein kleiner Vikinger :)

Aber vom Weltall aus betrachtet sind wir alle Kinder vom Planeten Erde!

LYA

Kapitel 4

In 2 Monaten im Dezember habe ich Geburtstag! Im Dezember muss ich öfters an meine Kindheit zurück Denken, wir waren bei unseren deutschen Großeltern und die ganze Familie war zusammen und hatten von der ganzen Familie gemachtes Essen gegessen und dann alle zusammen 5 Enkelkinder waren wir und meine Großeltern hatten 3 Töchter, somit hatte ich 2 Tanten und 2 Brüder und eine männlichen Cousin und eine weibliche Cousine!

Des öfteren erinnere ich mich an diese Zeiten und immer am Abend des 24. Dezember! Nach dem leckeren Weihnacht Abendessen, was immer so schmackhaft war, weil meine Mutter und ihre Schwestern und vor Allem meine Großmutter (Oma) waren die beste Köchinnen in der Welt!

Und Ja! Eigentlich Musik war meine erste Liebe! Aber das Essen meine zweite Liebe :)

Und immer noch liebe ich es zu Essen! Ich liebe so sehr so viele verschiedenartige Essen von allen Nationen und Hintergründen!

Und mein biologischer Vater war aus Persien! Und meine Mutter lernte, als sie dort lebte 4 Jahre lang nach der Hochzeit in der nähe von Teheran! Weil mein Vater war ein sehr guter Architekt und er studierte und machte sein Diplom an der City University of New York!

Er hatte mir oft über die alten Zeiten berichtet als er studierte und musste immer selbst erarbeiten um die Miete zu bezahlen und ebenfalls das Studium welches in vergangener Zeit sehr teuer war!

Meisten konnten nur die Kinder von reichen Familien studieren!

Er hatte schnell einen Job gefunden 2 Mal die Woche in einem bekannten Fisch Restaurant!

Und schnell sagte er mir, sein Boss ein sehr netter aber strenger jüdischer Geschäftsmann, frage ihn ob er nicht an dessen Stelle 2 Mal die Woche als Nachtmanager arbeiten wolle, so dass er, der Boss, auch 2 Mal die Woche mit seiner Ehefrau zusammen in ein Restaurant privat gehen könnten um wie ein Leben zu haben und nicht nur 7 Tage die Woche nur der Boss im eigenen Restaurant zu sein!

Es ist sehr wichtig für eine Partnerschaft zwischen Mann und Frau ebenfalls nach der Hochzeit, nicht immer nur zu Hause zu bleiben und nur gute Eltern zu sein!

Immer wie in der Vergangenheit muss Mann und Frau zusammen Essen gehen oder einfach einen Drink nehmen oder auch öfters Tanzen! Ja!

Wenn Ihr einen Sportwagen Liebt, macht Ihr ebenfalls immer nach Intervall die Inspektion und ihr benötigt Öl und mehr!

Somit benötigt eine Partnerschaft dies ebenfalls für Spass und Glücklich zu sein und auch für die Seele oder nur für ihre Liebe!

Liebe benötigt immer einen Service und neues Öl oder einfach nur jeden Tag einen Kuss!

Wenn Ihr nach Jahren nicht jeden Tag Eurer Ehefrau einen Kuss gebt oder keinen Service macht, dann eines Tages fährt Ihr mit zu wenig Öl und Euer Motor bekommt einen Schaden! Und dann benötigt Ihr einen neuen Motor!

oder ebenfalls wenn man immer alleine fährt, nachdem der Motor beschädigt ist, weil viele Frauen mögen es nicht sehr zu laufen am Abend wenn man zum Tanzen geht in eine Disco, sie fahren dann mit einem anderen Fahrer und oft haben diese einen Sportwagen in rot oder oben Offen wie ein CABRIOLET!

Und dann nicht mit eurem Alten sehr praktischen KOMBI für Eure Kinder und Tieren hinten!

Aber wenn man ein nicht zu luxuriöses Leben führt, kann man sich vielleicht ein kleines rotes Cabriolet für seine Ehefrau kaufen und dann könnt Ihr oder eigentlich Eure Frau, weil Frauen lieben es Abends ein Cabriolet zu fahren und dann sitzt nur Ihr und Eure Frau fährt mit einem schönem sexy und roten Abendkleid an! WOW!

Ich liebe es! Also immer den Mittelweg und ein wenig unser Gehirn benutzen oder Intelligenz!

Andererseits warten da draußen so viele KOYOTEN in der Welt und diese sind ja auch alle nicht ganz dumm, wir wir so oft ja auch denken, wir sind die besten und intelligentesten! Und niemals Vergessen!

Nach anderen Frauen sich umzuschauen ist in Ordnung!

Ebenso die Körper und Muskeln und schöne braune Haut von der Sonne! Aber eine richtige Frau liebt es immer mehr beim Abendessen, eigentlich lieben Frauen meistens immer traditionelle italienisches Essen oder Restaurant wie an der AMALFI Küste!

Ja! Mir gefällt es auch! Weil die italienische oder das mediterrane Essen ist lecker und ebenfalls liegt es nicht so schwer im Magen nach dem Essen, wo man ja dann noch ein wenig Tanzen möchte und Küssen und vielleicht auch mehr :)

Und vergesst niemals alle menschlichen Männer!

Der italienische Kellner, welche nicht nur öfters sehr gut Aussehen, diese sind auch meistens sehr charmant und machen Euren Ladies immer sehr schöne Komplimente!

Sie haben den MAKKARONI CHARM und die OLIVEN ÖL STIMME!

Wir haben sie nicht so oft! Aber wir mögen diese ebenfalls! Warum?

Was Unsere Frauen oder unsere Liebe zum Lächeln bringt und glücklich macht lieben wir ebenfalls und am Ende sind wir auch glücklich!

Aber immer nur deren Charme und Worte, zu keiner Zeit anfassen oder unsere Frauen küssen, dies ist sehr wichtig!

Weil immer von Anfang an wieder das wichtigste Vertrauen ist von beiden Seiten aus!

Ohne 100 Prozent wahrhaftig und ehrliches Vertrauen bekommen wir niemals von beiden Seelen aus wahre Liebe!

Und beim Vertrauen eigentlich gibt es zu keiner zeit den Mittelweg! Weil Vertrauen am Anfang an benötigt immer 100 Prozent!

Somit also der Boss vom Fisch Restaurant in New York, welcher in Vergangenheit meinem Vater vertraut hatte, so das mein Vater 2 Abende die Woche seine Miete, sein

Studium und alles bezahlen konnte um sein Studium zu beenden und seinen Master of Architecture, alles selbst erreicht ohne reiche Eltern hatten es bezahlt oder ähnliches! Er musste alles sich selbst erarbeiten!

Aber er liebte Architektur und was man im Leben liebt bekommt man und am Ende macht man es aus wie eines Tages Ihr Eure Liebe heiratet!

Und mein Vater erzählte mir öfters viele seiner Freunde mit denen er Begonnen hatte zu Studieren, wessen Eltern aus sehr reichen Familien kamen zum Teil mit privaten Jets mit denen er mal geflogen ist und diese mehr Party gemacht hatten ebenfalls nicht nur am Wochenende, sondern auch öfters unter der Woche mit der „WHITE LADY" getanzt hatten, damit man noch mehr trieb kann und länger Tanzen und wach bleiben kann!

Und die weiße Lady erlaubt es auch mit anderen Frauen zu kämpfen! WOW!

Dies ist eigentlich für uns Männer doch eine sehr nette Ansicht, wenn eine Frau nicht eifersüchtig wird, wenn man mit einer anderen Tanzt, nicht nur immer mit der roten Lady!

„THE LADY IN RED" will immer, dass man mit ihr alleine tanzt und für immer und sie Heiratet, weil sie trägt nicht nicht das schöne rote Kleid, sondern auch Rot für wahre Liebe!

Aber als ein männlicher eines Tages diese zu realisieren, muss jeder für sich selbst tun!

Und eigentlich wissen wir alle! Die Weiße Lady erlaubt uns Alles! Weil die weisse Lady ebenfalls dass tut und denkt oder handelt wie wir!

Aber die Weiße Lady ist nicht nur am Abend 1000 Mal teurer! Ebenso hat diese ein weisses und niemals ein rotes Herz oder eigentlich niemals wahrhaftige oder ehrliche Liebe in diesem Tanz!

Und ich habe es immer geliebt zu Tanzen!

Und ich hatte niemals Tanzstunden zu Schulzeiten gehabt und ich frage mich wirklich warum unsere Kinder nicht in der Schule 2 h die Woche Tanzstunden und ebenfalls einmal im Monat eine Discoabend haben nur am Ende der Schulzeit!

Somit liebte ich es immer alle Zeit meines Lebens „LEARNING BY DOING"!

Und immer noch bin ich nicht der Beste oder der ALPHA Tänzer, weil ich niemals Stunden oder einen Tanz Lehrer hatte! Aber manche Frauen sagen immer noch! hey „LITTLE BOY" Du tanzt nicht schlecht! Ja! :)

Und ich antwortete immer! Ja eigentlich tanzen wir gleich!? Und sie sagten, warum?

Und ich antwortete immer, weil du und Vorhallen Du mit Liebe tanzt und wir beide haben Rhythmus in unserem Blut! JACKPOT!

Oder ich weiss es nicht, vielleicht Ihr so hübschen und intelligenten Kritik schreibenden Ladies, würdet Ihr es mögen wenn dies einer zu Euch sagen würde?

Oh ja ich weiss! Ihr würdet es auch mögen! BIG KISS!

Und bitte verzeiht mir, ich bin des öfteren nicht immer so charmant! Aber keiner ist Perfekt und vielleicht fangen alle mal an zu Tanzen auch wenn man denkt man könnte es nicht!

Jeder kann Tanzen der einfach nur an Liebe glaubt!

Und nun ein Buch zu schreiben, ich fühle mich gerade als ob ich auf einer Tanz Fläche tanze!

Sehr interessant, ich hätte niemals gedacht, dass es wirklich so ein Spass machen würde!

So lasst und alle mehr tanzen! Vielleicht einen Tango?

Also nun Hmmmm wo hatte ich gestoppt zuvor! Ah ja n Ordnung!

So viele Freunde aus den reichen Familien, was mir mein Vater berichtete, von 10 hatte nur er und sein bester Freund, wessen Hintergrund griechischer Abstammung war wie ALEXANDER DER GROßE!

Nur mein Vater und sein griechischer Freund hatten das Diplom gemacht!

Weil er war ebenfalls nicht aus einer sehr reichen Familie! Und sie hatten immer das Ziel im Kopf und viel wichtiger in deren Herz und Seele dies zu beenden und ihr Diplom zu bekommen und gute Architekten der Welt zu werden oder einfach nur ihre eigenen Architekten ihre eigenen Lebens zu sein und niemals zu viel auf andere Hören oder Denken oder anderen menschlichen Architekten zu Folgen!

Weil wir haben dieses eine Leben als ein menschliches Wesen und wir alle müssen unser eigener Architekt unseres Lebens sein!

In guten und in schlechten Zeiten! Immer den Mittelweg aber immer mit einem Ziel am Ende!

Wahre Liebe und auch mein Vater hatte mir oft gesagt!

Hey mein Sohn! Ich liebe Dich! Mache das was Du willst und liebst! Renne niemals dem Geld hinterher!

Weil im Leben Geld kommt und geht!

Aber dein Bewusstsein und Dein Wissen und auch Deine Liebe kann keiner von Dir nehmen!

Und eines Tages mache aus deinem Hobby oder was du magst oder liebst zu tun als dein Beruf! Ja!

Alles was wir mit Liebe in dieser Zeit unseres Seelenlebens tun benötigen wie zu Beginn an nicht 100 Prozent sondern wir tun es 1000 Prozent!

Wenn wir ein Geschäft oder eine Schöpfung starten oder wir das erste Man eine Frau Lieben tun wir es immer mit 1000 Prozent zu Beginn an! Den ganzen Tag und Nacht und wir Tanzen verrückt und Küssen und machen Sex 1000 Prozent oder Minuten!

Aber die anderen 8 seiner Studien Freunde hatten alle nach dem Maximum 2. Semester aufgehört! Ebenfalls ich auch in der Vergangenheit :(

Warum? Ja! Wir tanzten zu oft und zu lange mit der weißen Lady!

Weil ich wollte niemals immer nur mit der roten Lady nur tanzen, ich wollte mit allen Frauen Tanzen!

Und immer noch hat jeder freien Willen und kann sich aussuchen mit wem er Tanzen möchte!

Aber am Ende wenn es dann noch eine Tanzfläche geben sollte! Aber dann weder die weisse noch die rote Lady wird da sein! Denn die weisse Lady Tanz nur mit einem wenn man Geld und Diamanten und Perlen und „DOM PERIGNON ROSE" hat! Und dann kommen schnell die Probleme, weil die ganzen teuren Sachen sind zu teuer!

Und dann? Ja! Die weisse Lady wird mit anderen Jungs tanzen und nicht mehr mit uns!

Und dann denken wir nun wir könnten wieder mit der roten Lady Tanzen? Niemals!

Weil auf einer Tanzfläche oder nennen wir es menschliches Leben schauen die anderen Tänzer ebenfalls zu und speziell mit welchen Tanzpartner man tanzt!

Und eine wahrhaftig und ehrliche rote Lady mit Liebe wird niemals Ihr rotes Kleid in ein weisses tauschen!

die rote wahrhaftige und ehrliche Lady wird dann mit einem anderen Mann Tänzen, der ebenfalls wie sie mit ihr alleine tanzt wahrhaftig und ehrlich mit Liebe allein!

Und am Endes des ersten Tanzes wird die rote Lady nur einmal im Leben ihr Kleid wechseln von einem roten Kleid in ein Weisses Kleid! Ja! Nur einmal im Leben! Und Ihr Alle wisst es!

Sie wird dann nur einmal ein weisses Kleid tragen, aber mit 7 Meter langen Schleier in weiss an Ihrer Hochzeit!

Oh ja es is so wahr!

Aber am Ende, nachdem ich so oft getanzt hatte und verschiedene Tänze hatte, vielleicht werde ich auch bald mit einer Lady im roten Kleid tanzen und diesmal für immer und zusammen in wahrhaftiger und ehrlicher Liebe und am Ende eines Tages oder zu einer Zeit nur noch einmal mit ein weisses Kleid tanzen, aber nicht mehr mit der weißen Lady!

Gebt niemals auf! gebt niemals Eure Liebe auf!

Ja! Ja! Tanzen und Party machen ist schön! Aber zu oft und immer des öfteren die falschen Tanzpartner zu haben, eines Tages wird man so gelangweilt und ebenfalls auch keine Geld mehr um den Eintritt für einen Disco zu bezahlen oh ja!

Dann klein Tanz mehr!

Dann nur noch alleine zu Hause und dies kann man niemals Spass oder nur einen Tanz nennen!

Leben ist nicht einfach wie die Liebe!

Weihnachten als ein Kind erzählte ich war sehr schön!

Wir hatten auch einen schönen Weihnachtsbaum!

Aber ich hatte mich immer hmmm gefragt warum an Weihnachten, dem Geburtstag von JESUS CHRISTUS? Warum einen BAUM?

Warum müssen alle diese armen Bäume sterben?

In Ordnung, nachdem ich dann immer die vielen materiellen Geschenke sah, als Kind denkt man dann es ist egal, ich liebe Geschenke mehr als den Baum! Spielen mit einem Baum? Hmm! Nein, Spielzeuge sind 100 Mal besser als ich Kind war!

Ebenso als heranwachsender Männer lieben wir es immer noch manchmal mit den Kindern und deren Spielzeug zu spielen, weil dies an uns erinnert, als wir Kinder waren und es macht uns glücklich und relaxt uns so wie wir es vor so vielen Jahren zuvor taten!

Ah ich hatte vergessen! Wir mussten immer alle Kinder zusammen ein Weihnachtslied singen, bevor es Geschenke gab! Es war in Ordnung! Aber als Kind kümmerte ich mich nicht so sehr um Musik! Ich liebte sie zu hören und das wars auch! Spielzeuge waren besser!

Dann nach 3 Stunden immer erinnere ich mich oft hatten die älteren Generationen lautere Geräusche, also nicht so herzliche oder geliebte Worte oder Gerede oder ja sagen wir einfach mal Meinungsverschiedenheiten über viele Dinge sowie auch über Religion!

Eigentlich waren meine Eltern nicht christlich, sie hatten einen anderen Glauben, es ist in Ordnung!

Alle in Frieden! Jeder Prophet ist von Gott! Eines Tages die Einheit der Menschheit! Ja! Es ist in Ordnung, es gefällt mir!

Schaut Euch die Früchte eines Baumes an und dann wenn der Baum gut ist, in Ordnung!

Aber dann immer verstand ich nicht, egal in welcher Religion!

Immer oder so oft weiss ich es, dass menschliche Wesen immer denken, dass was sie Glauben oder denken zu tun oder taten und vieles mehr ist immer der richtige oder wahre Weg im Leben!

Und schnell von allen Seiten der Familie, keiner ist Perfekt, aber schnell nach 3 Stunden mussten wir heim und mussten aufhören mit unseren neuen Spielsachen und unseren 2 Cousins zu spielen!

In Ordnung ich hatte zwei Brüder mit denen ich zu Hause dann weiter spielen konnte! Aber meine anderen 2 Cousins waren Einzelkinder! Diese mussten dann alleine spielen und hatten keine 2 Brüder oder Schwestern! War sehr traurig am Ende!

Und so viele Eltern denken immer noch, dass Kinder oder eigentlich schon bereits als Embryo, diese nichts fühlen was um einen herum geschieht? Ja! viele liegen immer noch falsch!

Weil als ein Embryo fühlt man immer ob eine Mutter von Anfang an traurig oder unglücklich ist oder ebenso glücklich und relaxt oder auch wenn die Mutter Musik hört oder besser singt und redet mit uns oder Musik macht! Ja!

Musik ist Liebe und Liebe ist unsere Seele!

Oder glaubt Ihr die Seele bekommt Ihr nach 9 Monaten von den so intelligenten und weisen Ärzten bei der Geburt?!

Oh Ja! So viele Ärzte oder Wissenschaftler denken immer noch, das sie eines Tages so etwas wie eine Seele erschaffen könnten! Oh ja! Sehr traurig!

Die können immer nicht nicht nach so vielen Jahren Studieren und gelehrt zu werden und so vielen Diplomen nicht mal ihre eigene Seele verstehen oder nennen wir es Liebe!

Wenn Ihr Euren Hund oder Katze liebt? Ja! Eines Tages würdet Ihr diese auch nicht Tunen oder Chippen oder die DNA verändern oder das biologische Aussehen ebenso niemals mit Euren Kindern im Leben! Ihr werdet diese immer wahrhaftig und ehrlich lieben:

„JUST THE WAY THEY ARE"!

Aber ich weiss viele von Euch lieben ja mehr materielles wie SILICON BRÜSSTE oder grössere LIPPEN oder besseren PO! Hmm! Sehr traurig!

Vielleicht ist es für alle diejenigen Zeit einfach mal den Tanzpartner zu wechseln!

Vielleicht werdet Ihr dann finden und vielleicht von einem anderen wahrhaftigen und ehrlichen Tanzpartner für immer werdet Ihr dann glücklich oder zufrieden und ebenfalls in wahrer Liebe sein!

Und keiner muss ein guter Tänzer sein oder es viele Jahre gelehrt bekommen wie von so vielen Ärzten!

„JUST DO IT"

Und immer lernen beim Tun immer den Mittelweg und am wichtigsten immer alle Zeit wahrhaftig und ehrlich in Eurem Herz und Seele!

Weil immer und immer wieder! Was wir sähen werden wir ernten! Also was wir Denken! Oh Ja! In der spirituellen Realität ist das Denken genau so wie wir in dieser Realität handeln!

Und für mich, nach so langer Zeit der Traurigkeit und Schmerzen, ebenfalls auch einige gute Momente und auch einige glückliche!

Aber am Ende möchte ich einfach nur Liebe erhalten und somit werde ich Liebe geben und wahrhaftig und ehrlich sein!

Und ebenso versuche ich es besser zu werden und Tag für Tag eine Stufe um Stufe langsam wieder den Mittelweg zu beschreiten!

Und eines Tages ich und alle die es auch wollen, wir werden alle unsere wahrhaftige und ehrliche Liebe bekommen! Und dann sind wir all eine Stufe näher zu der:

„STAIRWAY TO HEAVEN"!

Aber nur diejenigen, die es auch möchten und aus freiem Willen heraus!

Alle anderen können gerne weiterhin mit jedem Tanzen mit dem sie möchten und auch welchen Tanz oder Tanzpartner sie mögen!

Aber am Ende! Bitte weint nicht!

Weil der Türsteher, wenn er Euch nicht mag? Ja!

Ihr werdet niemals in den Club hinein gelassen egal wie reich Ihr auch seit!

Wenn er Euch nicht mag oder Ihr bereits betrunken seit oder er spürt dass ihr nur Ärger machen wird! Ja! Kein Eintritt! Game Over und kein Tanz!

Und erinnert Ihr Euch ebenfalls in der Vergangenheit? Oh Ja! Immer welche von den sogenannten besten Freunden vor der Diskothek früher? Manchmal lässt der Türsteher an der Tür sagt er nur die Ladies kommen herein und Ihr Männer nicht? Und ebenfalls manchmal der eine Freund darf hinein und der andere nicht? Richtig?

Und dann was passiert! Meistens gehen die anderen dann hinein und Ihr steht alleine oder mit anderen Freunden da, weil meistens die Ladies dann hinein gehen und tanzen dann mit anderen Männern!

Ja und am Ende! Sehr traurig! Weil man immer gedacht hatte!

Alle für Einen und Einer für Alle!

Aber ich weiss die anderen denken meistens leider nicht so wie „DARTAGNAN UND DIE DREI MUSKETIERE"!

Also ist es besser wieder wie ein Kind zu werden und Aussicht halten und Suchen nach Kindern mit denen man öfters zusammen spielen kann und nicht nur arbeiten für Profit! Und vergesst niemals!

in allen Musik und Filmen, welche alle speziell für die Kinder erschaffen wurden! Am Ende ist immer ein „HAPPY END" mit Liebe und Frieden!

Liebe wird immer Gewinnen, selbst bei „BEAUTY AND THE BEAST", egal wie der andere ausschaut!

Oder wie die Liebe zu den Tieren und der Natur wie bei der schönen „POCAHONTAS"!

Und am Ende? Ja! „I can Show you a whole new world if you Trust me!" Und jede einzelne Frau oder Mädchen, alle von diesen wollen eines Tages wie eine Prinzessin mit weissem Kleid einen Prinzen heiraten, wie die PRINZESSIN YASEMIN von ALADIN!

Und ebenso weiss ich auch genau! Alle wir menschlichen Männer! Wir alle ebenfalls wünschen uns am Ende, egal ob wir gut oder auch einzige nicht so gute im Leben, aber am Ende wir alle wollen einfach nur eines Tages und nur eine Frau haben mit wahrhaftiger und ehrlicher Liebe zu uns und wir wären gerne alle wie Prinz Aladin und nicht wie „ALI BABA UND DIE 40 RÄUBER"!

Weil vielleicht eines Tages „SESAMÖL ÖFFNE DICH" öffnet sich nicht mehr!!

Und ebenfalls alle die orientalische Wurzeln haben, wir lieben Aladin und speziell Prinzessin Yasemin!

Und wir Männer wir sind alle zusammen gleich! Keiner ist besser oder stärker! Wir alle sind Prinzen!

Und jedes einzelne Mädchen oder Frau sind alle unsere Prinzessinnen!

Und ein Prinz braucht nur EINE PRINZESSIN!

Weil ein wahrer Prinz ist niemals ein Räuber unserer Herzen!

Also habe ich gelernt, dass öfters Religionen und speziell immer die Nachfolger der Propheten, nachdem sie tot waren, meistens taten oder änderten die Botschaft der Liebe und Frieden, welche alle von Beginn an immer gepredigt hatten und danach immer zu Organisationen machten um Profit, Geld oder Macht seitens der höchsten Herrscher!

Weil andererseits frage ich mich jede einzelne Sekunde!

Warum immer noch nach so vielen Tausenden von Jahren immer und immer wieder die Spezies „HOMO SAPIENS" immer noch kümmert sich nicht um alle Kinder, Ihre eigene Spezies und Brüder und Schwestern auf der Erde, immer noch weiterhin sterben diese ohne zu Essen!

Was sind das denn für religiöse Herrscher?

und immer noch Beten alle zusammen in allen ihren großen und so vielen Tempeln von so vielen verschiedenen Glaubensrichtungen und Tempeln alle Beten zusammen?

Aber die Gebete zu den armen Personen und Kindern, habt Ihr Vergessen zu Beten?

Oder glaubt Ihr Euer Schöpfer oder Gott wird denen materielles Geld senden?

Gott ist niemals materiell wie unsere Seele und Liebe!

Also ist es besser den Armen Kinder zu geben und einen spirituellen Schatz in der spirituellen Welt auf aufzubauen niemals materiell!

Dann vielleicht werdet Ihr auch ein wenig Zufriedenheit erlangen, weil wenn man anderen hilft und diese dann einfach Lächeln!

Dies ist besser als „RIEN NE VAS PLUS", wenn sogar man die Nummer den Tag des Geburtstages bekommt!

Und erinnert Euch, meistens verlieren wir am Roulette Tisch!

Weil wir haben nur einmal Geburtstag und viel vergessen ebenfalls eines Tages sind wir tot!

Und am Ende auch! Mein Großvater sagte immer!

RELIGION IST OPIUM FÜR DAS VOLK!

Aha, ja wir kennen diesen Satz! Und ich sage Euch ebenfalls! Ich mag oder liebe kein OPIUM!

Und deswegen glaube ich einfach nur an einen Schöpfer voller Liebe wie ein wahrhaftiger und ehrlicher Familienvater!

Und dieser würde uns niemals zu viel Furcht einjagen oder zu streng sein! Aber er wird auch niemals zu locker sein!

Weil wir sind alle immer noch jung in unseren Seelen und wir benötigen immer Lehren für unsere Seelen um eines Tages einfach nur wahrhaftige und ehrliche Liebe zubekommen und ebenso wahrhaftige und ehrliche Liebe geben zu können und ebenfalls mit wem wir zusammen Tanzen wollen für immer mit nur einem Tanzpartner in dieser zeit unseres Liebe!

Und dann vielleicht können wir nach dem Tode für immer und ewig Tanzen und die Musik wird niemals enden!

Aber wenn ihr lieber nur Arbeiten mehr liebt immer und immer wieder ist es in Ordnung!

Aber ich liebe 1000 Mal mehr Tanzen! Weil Tanzen ist Liebe! Musik ist Liebe! Und unsere Seele ist Liebe!

LYA

Kapitel 5

So nun schreibe ich nach 3 Tagen wieder nach einer Pause! Eigentlich war ich die letzen 3 Tage innerlich nicht in der Lage mit Spass zu Schreiben oder irgendetwas zu Tun!

Ich bin wieder einmal ein wenig traurig, viele Schulmediziner sagen einfach die Diagnose „DEPRESSION"!

Ich sage einfach nur meine eigene Diagnose nach wieder im Leben nach so vielen Jahren immer noch einfach alleine bin ich oder einfach ohne wahrer Liebe in meinem menschlichen Leben!

Nach so vielen Jahren der Traurigkeit und so vielen Schmerzen unser menschliches Bewusstsein wird ein wenig wie Normal sagen wir einfach mal in diesem Zustand!

Aber ich erinnere mich an meine Kindheit und ich weiss immer noch was Liebe ist und diese Gefühl!

Und somit versuche ich immer wieder und wieder jeden Tag für Tag wieder vielleicht eines süßen Tages aus diesem „SCHWARZEN LOCH" heraus zu kommen im Weltall!

Und Ja! Einfach nur Reden oder gute Ratschläge zu Hören von so vielen verschiedenen Meinungen von Psychologen oder viel andere verschiedene religiösen Wege, viele schrieben ebenfalls von sogenannten „NEW AGE BELIFS", eigentlich aktuell ist es am Ende nicht Einfach von allen denen Glaubensrichtungen oder Meinungen oder guten Ratschlägen, welche man Folgen oder Glauben kann oder einfach nur Versuchen!

Wenn man in ein chinesisches Restaurant geht und diese haben so ein großes und leckeres Büffet von so vielen diversen verschiedenen Essen? WOW! I sagte immer ich liebe Essen! Warum?

Viele sagen einfach nur „LIEBE GEHT DURCH DEN MAGEN"!

In Ordnung! Warum nicht! Eigentlich wenn ihr kein Essen im Magen habt?

Ja, Ihr habt keine Power um zu Küssen oder Liebe zu machen lange Zeit lang :)

Aber vielleicht nenne wir es auch spirituelle Nahrung für unsere Seele!

Aber an einem Büffet nach einem Teller sind wir meistens schon voll und alles zu Essen oder zu viel macht unseren Magen und ebenfalls unsere Gesundheit schlecht!

und wenn wir so viele verschiedenen Essen oder heute zu Tage so viel spirituelle Nahrung wie von so vielen verschiedenen Glaubensrichtungen oder Religionen haben und ebenfalls wie alle neuen Zeitalter Meditationen und viele andere? JA!

Ihr seid alle von beginn an überfüllt mit Euren menschlichen Augen und Ohren zum Essen oder zum Lesen oder Studieren von allen diesen!

Man kann jeden Tag etwas essen oder von einen von diesen Probieren! Perfekt!

und vielleicht nach einigen Monaten wenn man diese gegessen oder probierte, alle verschiedenen Sorten essen oder ebenfalls einfach nur mehr Informationen über so viele Glaubensrichtungen studiert, alle ein wenig!

Einige schmecken gut und hören sich gut an und andere von Beginn an mögen wir nicht oder diese schmecken nicht gut!

Jeder hat einen anderen Geschmack und was wir Mögen!

Eigentlich ist es gut, das wir alle verschieden sind wie die Farben eines Regenbogens oder die Farben im Weltall so viele verschiedene Sterne und Planeten schön, wenn Ihr eines Tages mit einem Teleskop schaut!

Wenn wir immer nur eine Farbe hätten wären wir alle sehr schnell gelangweilt!

Ebenso wenn wir jeden Tag immer nur das gleiche Essen oder Menü haben!

wenn wir jung sind und unverheiratet sind, machen wir Party, gehen in eine Bar oder Club und wir mögen es zu Tanzen und nach vielen verschiedenen Ladies zu schauen und mehr!

Weil wir ja nicht verheiratet und Single sind und warum auch nicht wir sind frei und haben keinen Freundin oder Freund oder keine Liebe!

Und ebenfalls würdet Ihr von Beginn an ein Essens Menü kaufen, welches Ihr niemals probiert hattet und dann für den Rest Eures Lebens jeden Tag essen wollen? Hmmm!

ich mag das nicht! Wenn wir jung und frei sind, warum nicht! Warum nicht ein wenig von so vielen Essen testen! Einfach mal mit verschieden Tanzen auf der Tanzfläche des Lebens!

Aber vielleicht ist es ja 1000 Mal besser früher als spöter, wenn wir nicht zu alt sind eventuell nur einen Tanzpartner oder nur eine Liebe oder Essen Menü zu haben!

Als ein Kind hatten wir alle immer ein Lieblingsmenü oder Essen und dieses konnten wir jeden Tag Essen!

Also wenn wir zu viele Angebote haben und immer etwas anderes und anderes ausprobieren wollen! Hmm! Eines Tages ist es dann sehr schwer sich für sein Favorit zu entscheiden!

Weil des öfteren ist eine Menü in der einen Wiese gut oder den anderen Weise schmeckt es besser, aber 100 Prozent Perfekt werden wir niemals materiell finden oder ebenfalls in Personen!

Weil nochmals, niemand ist perfekt!

Und wenn wir älter werden werden wir auch wie ein wenig unflexibel in unserem Leben und ebenso in unserem menschlichen Bewusstsein, wir haben Dinge die wir Tun und Mögen und auch dann Jahr um Jahr wird es nicht einfach seien jemanden zu finden!

Jede person ebenfalls macht, wenn sie älter wird, nicht nur gute und positive Erfahrungen und schnell viele bekommen nach einigen Jahren ein wenig verzweifelt und traurig und wählen dann immer ein Essen oder Tanzpartner, aber dann immer nach ein paar Wochen oder Jahren wieder alleine oder nicht mehr zusammen in Liebe, was sie anfangs dachten!

Die einen und wahrhaftige Liebe und Partner in diesem Leben zu finden ist eigentlich nicht einfach eher gesagt sehr schwer!

Meistens heuet zu Tage, ebenfalls in der Vergangenheit, dachten diese zu Beginn an 100 Prozent ist es Liebe der perfekte Partner!

Und dann schnell GAME OVER!

Meistens wenn nicht beide Seiten wahrhaftig in Liebe sind, wird es niemals lange anhalten!

Weil der stressige Tag und das Leben ist ebenfalls nicht einfach und dann, wenn nicht beide Seelen wahrhaftig und ehrlich sind von Anfang an, wenn sie in Liebe sind? Ja! In guten und speziell in schlechten Zeiten! Und dann nach den guten Zeiten werden die schlechten folgen und alles was nicht wahrhaftig und ehrlich, meistens mehr egoistisch oder Selbstsüchtiges denken, sagen wir einfach mal mehr Nehmen als Geben!

Und schnell in schlechten Zeiten wir die einen Seite aufgeben oder den anderen Verlassen!

Und dann wird die andere Seite immer traurig oder bekommt meistens Herzschmerz!

Weil meistens die eine Seite oder Herz oder Seele liebt wahrhaftig, aber des öfteren trauriger Weise nicht immer Beide!

Und dann nach 2 oder 3 Zeiten im Leben, wenn man nicht wirklich in wahrhaftiger Liebe war, weil der andere öfters nicht ehrlich war, was wir von Anfang an nicht wissen können, weil wir Menschen können niemals Gedanken lesen von anderen Menschen!

Und dann eines Tages werden wir so verzweifelt, nach so vielem Herzschmerz, welchen wir niemals mehr haben wollen, dieses so traurige und starke Gefühl wogegen wir nichts machen können!

Nichts kann uns in diesem Moment Helfen! Und das wirkliche Problem ist!

Wenn diese Herzschmerzen einfach nur wie am nächsten Tag weggehen könnten oder nächste Woche, wenn wir einfach mal sagen wir hatten zu viel gegessen oder wir waren krank und eine Woche Bettruhe!

Dieser Herzschmerz existiert so lange Zeit, es ist unglaublich!

Warum? Was ist denn der Grund dafür?

Manchmal behält man diesen Schmerz und Traurigkeit für mehrere Jahre!

Meiner Meinung nach, wenn man nach diesen so grossen und starken Herzschmerz im Leben von der Liebe hat und danach nicht zu einer Zeit wieder in Liebe sein wird, kann keiner diesen Vergesse den letzen Schmerz!

Weil wir sind keine Roboter und wir alle menschlichen Wesen benötigen immer Liebe und geliebt zu werden und Liebe zu Geben!

Aber wenn man immer mehr Liebe gibt als man bekommt? Ja!

Eines Tages wird die Batterie leer sein!

Und dann wird es sehr schwer wieder diese aufzuladen!

Weil man kann dann keinem mehr Vertrauen, selbst von Anfang an so oft dann kann man keinen anderen Männern oder Frauen Vertrauen, wenn diese dan abends alleine raus gehen oder mit ihren Freunden dann sind, immer hat man dann negative Gedanken wie als ob der andere einen Betrügen würde, wie es der vorherige Partner getan hatte und niemals vertrauensvolle Gedanken!

Und ohne Vertrauen von Anfang an, ohne wahrhaftige und ehrliche Partnerschaft oder Liebe wird dies nie funktionieren!

Wie wenn man ein Auto fährt und zu viele kleine Unfälle macht? Ja! Eines Tages wird man ein grossen Totalschaden machen!

Ein neues Auto zu kaufen ist einfach!

Aber eine neue Liebe zu Kaufen oder ein neues Herz oder Seele? Niemals!

Und eigentlich so viele andere Personen sagen fast immer Hey Du wirst schon eine andere Liebe schnell finden oder einen Partner oh Ja!

Viele von diesen sind glücklich oder in einer Partnerschaft und sagen immer es ist einfach, aber wenn diese einmal in dieser Situation stecken, dann fühlen diese ebenfalls den Herzschmerz!

Und immer suchen wir nach einem Schlüssel, weil dann nach ein paar Wochen Traurigkeit, heraus aus dem „SCHWARZEN LOCH" zu gelangen und dann wieder eine neue Liebe zu bekommen! Und dann ist es ebenfalls sehr wichtig im Leben einige gute Freunde zu haben in diesen langen und sehr traurigen Zeiten!

Alleine in den traurigen Zeiten und Herzschmerz zu sein ist 1000 Mal härter als wenn man gute Freunde hat, diese zu treffen und zusammen zu sitzen und gemeinsam ein wenig Spass zu haben oder Filme anzusehen oder auch Familie, wenn man diese hat!

Weil immer in der Liebe! In einer Partnerschaft oder bei Freunden und speziell in der Familie ist es immer besser zusammen und niemals getrennt zu sein in guten und schlechten Zeiten!

Dann kann man langsam besser und Tag für Tag heraus aus der Traurigkeit und Depression gelangen und schnell können diese einen wieder mit ihrer wahren und aufrichtigen Liebe aufbauen, denn man ist dann nicht alleine!

Aber wie so oft im Leben müssen wir uns um unsere Familie und Freunde kümmern! Oh Ja!

Weil des öfteren ist es der Fall, dass wenn diese einen neuen Partner haben, dann kümmern sich diese nicht mehr um einen über ihre Freunde oder Familie! Oh Ja!

Und nach einigen Wochen oder ebenfalls Jahren, wenn diese dann wieder alleine sind kommen sie wieder angekrochen!

Und viel Familien oder Freunde ärgern sich dann!

Weil Familie und wahrhaftige und ehrliche Freunde haben wir eine Leben lang und ebenso nach nach unserer Lebenszeit!

Weil diese Beziehung ist niemals sexueller Natur und ebenfalls nicht die gleichen Probleme wie in einer Partnerschaft!

Somit also immer und immer wieder den Mittelweg im Leben und überall!

Wenn man keine wahre Freunde und Familie hat, kann man, denen man vertrauen kann, wird man auch niemals mehr mit jemanden übet seine Gefühle oder vieles mehr reden!

Und wir benötigen es zu Reden zu denen, die wir Vertrauen!

Weil immer, nachdem wir mit jemanden geredet hatten, fühlen wir uns oft ein wenig besser und ein wenig mehr frei und ebenfalls diese Person berichtet uns auch von seinen vergangen Erfahrungen und dann fühlen wir, dass wir nicht ganz alleine traurig oder verzweifelt oder in Herzschmerz oder alles andere ebenfalls sind!

Und nicht, dass die ganze Welt gegen uns ist!

Wenn wir ganz alleine sind ist es viel schwieriger!

Und ebenfalls wenn wir dann an nichts Glauben wie an keinen Gott oder Schöpfer? Dann fühlen wir uns nur noch alleine und alleine!

Und so viele verschiedene Glaubensrichtungen und Religionen, wo liegt denn nun die Wahrheit oder einfach nur der richtige Weg um glücklich zu werden?

Das ist die grosse Frage, wonach ich immer gesucht hatte!

Weil so viele, die immer die Richtigen sind?

Weil keiner will ja den falschen Weg gehen, oder?

Gibt es eigentlich überhaupt den richtigen Weg?

Oder leben wir einfach und eines Tages ist es einfach GAME OVER und das wars? Viele Denken ja einfach so!

Und ebenfalls von so vielen Religionen und Propheten immer glauben diese, sie seien die letzten oder die einzige Wahrheit oder die richtigen Propheten oder Religionen oder ähnliches! Hmm! Ja! Und mit so vielen verschieden Glaubensrichtungen, wenn man eines Tages daran interessiert ist was nach dem Leben passiert oder woher wir kommen? Viele Fragen bekommen wir eines Tages beantwortet , die einen früher die anderen später!

Aber eines Tages, viele wissen es wenn man zum ersten Mal zu einer Beerdigung geht, oder wenn ein Familienmitglied eines Tages stirbt!

Dann beginnt man zum ersten Mal sich einige von diesen Fragen zu stellen! Bevor dies nicht passiert leben wir so vor uns hin in der sogenannten Realität!

Und meistens denken wir einfach nur über unseren Job oder Auto oder andere materielle Dinge nach! Weil wir zuvor nicht mit solchen Fragen konfrontiert waren!

Und man man längere Zeit keine Kriege oder ähnliches hat, wo Personen sterben, wie es so oft in der Vergangenheit der Fall war, immer Kriege und getötete oder strebende Menschen! Viele werden sehr alt, wenn sie damit nicht konfrontiert waren mit dem Tod!

Viele hatten von Anfang an seitens Familientraditionen und der Gesellschaft her in deren Glaubensrichtungen viele Bücher über das Leben nach dem Tod und ebenso auch vom Paradies oder der Hölle!

Und wenn man jung ist und dann diese Dinge sich anhört oder auch meistens nur das liest von seinen eigenen Glauben und nicht öfters auch von anderen Glaubensrichtungen oder Büchern oder Propheten!

Weil nach der Schule lesen und dann noch Hausaufgaben und ebenso nach der Arbeit dann noch immer lesen uns sich mehr Wissen aneignen? Ja! Besser ist es einfach zu relaxen und TV oder Sport ansehen oder einfach nur Party machen und Spass haben!

Aber wenn wir niemals zu einer Zeit, jeder für sich selbst, Informationen aus allen Glaubensansichten sich aneignet und dann am Ende entscheiden oder überlegen kann was einen überzeugt was für ihn richtig erscheint, nicht immer nur der Familientradition folgen oder nationalen Systemen oder auch Freunden oder irgend andere!

Weil es ist immer zu allen Zeiten unsere eigene Seele und am Ende sind wir mit unserer Seele alleine!

Und solange bis jetzt noch keiner zurück kam oder wir irgendeinen Beweis haben, welcher Weg oder Religion oder Prophet die Wahrheit war oder der richtige Weg oder Bücher und Worte!Wie immer und immer wieder ist es nur Glauben!

Genau so wie wir an Liebe glauben!

Wir können niemals Liebe mit unseren menschlichen Augen sehen! Wenn wir glauben können wir einfach nur eine Tages dieses Gefühl spüren, welches so warm und schon und stark ist!

Und ich weiss, dass jede Seele zu einer Zeit einfach nur eine wahrhaftige und ehrliche Liebe sucht! Alle Seelen ebenso die Gefallenen!

Weil für immer nur in Traurigkeit, Herzschmerz oder Unzufriedenheit, dies will keiner auf Dauer!

Aber jeder muss immer seinen eigenen Weg wählen, weil wir immer noch freien Willen haben!

Und viele heute zu Tage sowie aus der Vergangenheit wissen nicht wie man einfach nur eines Tages zufrieden oder glücklich oder in wahrer Liebe werden kann!

Weil immer die gleichen Fehler oder alten Angewohnheiten und ebenso denkt man es wird sich nichts ändern! Viele denken oft sie wären richtig und die anderen immer falsch!

Die meisten Personen denken oft zu Beginn an, dass sie vielleicht in der Vergangenheit nicht so gut oder korrekt waren oder ähnliches! Vielleicht ist es richtig! Was wir sähen werden wir ernten! Und nicht erst nach dem Leben ebenso vielleicht bereits während unserer Zeit unseres Lebens als ein menschliches Wesen!

Keiner ist ohne Sünde oder Fehler!

Aber wenn wir eines Tages einfach nur begreifen, dass wir unser Denken ändern können oder auch was wir anderen getan oder gesät hatten zu anderen Personen oder Seelen? Vielleicht ist dies der erste Schritt mit dem Denken anzufangen an die Vergangene Zeit und dann weiss ich auch, was viele nachvollziehen können, dass diese ebenfalls nicht immer nur gutes oder positives gesät hatten gegenüber anderen!

Wer ohne Sünde ist, werfe den ersten Stein! Ja!Und ich weiss und fühle, dass keiner frei von Sünde ist! Weil wir keine Roboter sind!

Immer noch sind wir menschliche Wesen mit dieser DNA und einer Seele und keiner weiss woher die Seele kommt! Viele glauben von einem Gott oder Schöpfer! In Ordnung! Aber keinen Beweis oder ähnliches! Viele denke einfach seitens der Evolution und Natur! In Ordnung!

Aber dann die Evolution nach so vielen Milliarden Jahren und die Sterne und Planeten und das Weltall und die Milchstrasse und alles! Ja! Sehr perfekt oder nicht?!

Wenn wir auf der Erde nur ein wenig näher zur Sonne wären? Ja! Wir würden alle verbrennen! Kein Leben wäre möglich! Wenn wir weiter entfernt wären, würden wir alle Erfrieren!

Seitens der Evolutionstheorie kennen wir viele nette und gute Wissenschaftler, ich mag diese alle sehr! Viele von denen hatten herausgefunden über die Eiszeit oder andere Gezeiten!

Und heute zu Tage ebenso mit viel besserer Technologie, welche Menschen erschaffen hatten, somit hatten diese viele neue Dinge herausgefunden!

Aber immer noch nicht können diese mit Klarheit sagen, wie alles begann und ebenso was denn die Wahrheit sei!

Weil die Wissenschaft basiert immer auf Beweise! Bis heute keine Beweise und 100 Prozentiger Weg, wie das Universum erschaffen wurde oder vieles mehr!

Und ebenfalls viele wurde mit den mathematischen und physikalischen Formeln berechnet aber am Ende keine Endbeweise! Nach so vielen Jahren!

Viele denken immer noch, dass wir Menschen von den Affen abstammen!

Eigentlich nett! Weil viele Affen sind sehr intelligent!

Sie leben zusammen und helfen sich und töten niemals ihre eigene Familie! Oh Ja!

Somit denken wir „Homo Sapiens" immer, dass wir besser und intelligenter sind als alle Tiere?!

Wenn einfach mal nur einige mehr Menschen ihre Gehirnzellen anstrengen würden und anfangen mit Intelligenz zu Denken, würden diese eines Tages. „THE CIRCLE OF LIFE" verstehen!

Und ebenfalls, das ein Planet Erde, die Natur und alle Tiere dieser Kreislauf sind und wenn wir weiterhin Zerstören und alles Verschmutzen und so viele Tiere Töten? Oh JA!

Eines Tages wird es kein Kreislauf mehr geben!

Wenn Ihr eine Uhr erschafft für Eure menschliche Zeit?

Wenn eines Tages nur ein kleines Zahlenrädchen defekt ist oder nicht mehr funktioniert? Somit ist die ganze Uhr kaputt oder sie geht zu schnell oder zu langsam!

Und dann habt Ihr ein Problem! Weil Eure Zeit ist dann nicht mer genau! Oder besser gesagt Eure Schöpfung ist defekt!

Und ihr könnt immer noch Eure Uhr reparieren „NO PROBLEMO", weil Ihr diese erschaffen habt und ich liebe wirklich so viele und schöne Uhren und Armbanduhren!

Ihr könnt diese reparieren, weil Ihr die Schöpfer seit!

Aber hört alle zu! Könnt Ihr die Erde reparieren oder andere Planeten oder Sterne oder ähnliches?

Seid Ihr die Schöpfer? Oj Ja! Ich hatte vergessen selbst immer noch heute zu Tage wie in der Vergangenheit, denken viele sie können den Schöpfer spielen!

Ebenso der Schöpfer neues Lebens und auch die Schöpfung der Tiere verändern und Haustieren und wie in Vergangenheit ebenso halb Tiere und Menschen und vieles mehr! Sehr schön!

Aber vielleicht eines Tages werden es viele verstehen, dass wenn Ihr eine Uhr oder anderes erschafft und von Beginn an Ihr immer all anfängt von allen so vielen guten und Schönen Kreationen, immer beginnt Ihr mit viel Liebe und Arbeit und allem!

Und Ihr versucht immer Eure Schöpfung perfekt zu machen!

Immer besser wie so viele andere Schöpfungen die Ihr zuvor getan hattet, wo Ihr manche Fehler von vergangene Kreationen gemacht hattet oder diese nicht ganz so gut waren, was Ihr am Ende begriffen hattet, nachdem Ihr diese getestet habt!

Und dann würdet Ihr es mögen, wenn ein andere kommt und Eure Schöpfung nimmt und sich denkt diese zu reparieren oder zu verändern, weil diese denken sie wären besser oder intelligenter wie Ihr?

Und ebenso einfach nur um mehr Profit zu machen und niemals aus Liebe erschaffen!

Wie auch so viele Familienunternehmen oft nachdem der Vater gestorben ist und die Nachfolger meistens daraus immer nur mit Profit Denken und viel besser und höher und stärker als andere zu sein!

Und wenn diese die Kreation des Vaters geliebt hätten, hätten sie einfach nur vom Vater gelernt mit der Liebe des Vaters, wie es in einer guten Familie der Fall sein sollte in guten und schlechten Zeiten, zusammen zu halten und sich um die anderen zu kümmern über seine Kreation und ebenso alle Arbeiter die mithalfen wie in einer grossen Familie!

Und nicht immer grösser wie eine „STOCK EXCHANGE" Firma oder mehr und am Ende Eure Kreationen dann sind einfach nur noch billig und niemals mehr hohe Qualität mit Liebe erschaffen!

Und eines Tages wird eine stärkere kommen ohne Liebe erschaffen, weil immer nur Geld und Profit und billige Arbeiter? Eines Tages wird eine andere und viel grössere und stärkere kommen und Eure Kreation sich nehmen!

Weil dann Eure Kreation und Familie gespalten ist!

Und dann werdet Ihr Eure Kreation verlieren und ebenfalls Eure Familie und alle die guten und vertrauenswürdigen Arbeiter, welche wie Familienmitglieder waren,

Das wäre doch wohl sehr traurig! Weil dann immer der High BOSS oder der Herrscher immer nur die Firma oder sein Reich verkaufen würde oder auch verlieren, wie so viele Könige und deren Reiche in der Vergangenheit!

Und wir alle wissen! So viele Male in der Vergangenheit und immer noch heute zu Tage!

Immer nur Geld, Gold und Macht oder Profit! Ja! Zu keiner Zeit wahre Liebe oder sich Kümmern!

„THEY DON`T REALLY CARE ABOUT US"

Und diese hatten ebenfalls niemals die die erste gute Schöpfung unseres Vaters geliebt!

Sie wollten immer nur GOLD! Für Ihre eigene Kreation!

Und Ihr habt dafür immer und für immer zu arbeiten, weil Ihr Menschen habt eine Seele und die meisten von Euch sind wahrhaftig und ehrlich!

Und Menschen geben niemals so schnell auf! Warum? Ja! Weil wenn Ihr wie ich auch mit unserer Seele und wir glauben und wünschen uns eines Tages eine wahrhaftige und ehrliche Liebe und ebenso eine Ehefrau oder Ehemann mit denen man ebenfalls mit Liebe die eigene Schöpfung gennant Eure eigenen Kinder erschaffen könnt, das Beste in Eurem Leben!

Und Ihr seid alle wie ich, meine schönen Menschen und jede einzelne Person und Seele!

Keiner ist besser oder schlechter! Weil Ihr liebt ja auch alle Eure Kinder gleich!

Egal ob eins eines Tages reicher oder einen besseren Job hat wie Ihr hattet oder die anderen Kinder!

Ihr liebt diese immer wahrhaftig und ehrlich und würdet jederzeit Euer eigenes Leben für jedes einzelne Eurer Kinder geben!

Und ihr würdet niemals zu keiner Zeit es verkaufen oder verlassen eines Eurer Kinder!

Und wenn Ihr ein Vater oder Mutter seit, dann hofft Ihr immer, dass eines Tages nach so vielen guten aber auch schlechten Zeiten, am Ende diese ebenfalls einen wahrhaftigen Partner finden und auch Eure Enkel erschaffen werden!

Das ist der Lebenskreislauf! Oh Ja!

Und eines Tages, wenn Ihr Eure eigen Kreation oder Kinder erschaffen habt, werdet Ihr alle begreifen OHHH mein Vater und Mutter, als ich jung war hatte ich niemals so oft auf Euch gehört, und dann werden viele es verstehen, dass ein Vater und eine Mutter einfach nur immer das Beste für Euch Kinder wollten!

Besser als diese es in der Vergangenheit hatten!

Niemals so viele Sorgen und Probleme oder Schmerz oder Fehler!

Und danach verstehen viele ihre eigenen Eltern wieder besser und haben wieder eine bessere Beziehung zu denen!

Weil diese wissen, was das Beste ist und auch immer wollten!

Und ein Vater wird niemals einen zu hart bestrafen oder Angst einjagen!

Weil wenn man wahrhaftig und ehrlich seine Schöpfung und Kinder liebt?

Würdet Ihr diese niemals Bestrafen oder am Ende töten oder Zerstören oder ähnliches! Zu keiner Zeit!

Also warum sollte man also in die Hölle kommen? Hmm!

Vielleicht könnt Ihr selbst euch aussuchen immer noch mit freiem Willen! Vielleicht könnt ihr alle Aussuchen was Ihr Tun werdet und wie man denkt und handelt!

Und mit Furcht nach dem Motto man kommt in eine Hölle? Niemals von einem Vater, der seine Schöpfung wahrhaftig liebt!

Weil man immer hofft, dass diese dazu Lernen!

Ein liebender Vater oder Schöpfer liebt immer wahrhaftig und ehrlich seine kinder und all seine Kreationen!

Und er wünscht und hofft sich, dass zu einer Zeit alle Kinder mit allen Erfahrungen und ohne Angst begriffen haben, dass Liebe ist niemals einfach und niemals das leichte Weg, den man bekommt!

Wenn man von Anfang an niemals etwas erschafft oder immer nur den 100 Prozentigen leichten oder schnellen Weg geht oder schnellen Erfolg haben will!

So warum sollte es jemals eine Zerstörung oder sogenannte „APOKALYPSE" geben, welche vom Menschen geschrieben wurde??? Nicht Wahr!

Somit bekommen alle von Beginn an Eures Lebens immer nur Furcht eingejagt!

Weil wenn man denen sogenannten Geboten nicht folgt, welche in so vielen heiligen Büchern geschrieben wurden? Dann kommt man in die Hölle? Niemals!

Dann hat keiner die Story verstanden vom „VERLORENEN SOHN"!

Weil ein Vater immer hofft, dass man sich am Ende einfach nur wahrhaftig und ehrlich entschuldigt und ebenfalls vergibt! Und das wars!

Zu keiner Zeit Furcht oder Ihr werdet getötet und für immer Schmerzen!

Mit Furcht könne viele immer noch Euer Bewusstsein und Seele steuern!

Weil wenn Ihr in Angst seit und niemals Vertrauen und starken Glauben habt und macht immer Eure Seele und menschlichen Verstand nieder bekommt Ihr ich niemals höhere Energie oder Power mit wahrhaftiger und ehrlicher Liebe am Ende!

Und wenn so viele denken, dass man mit monatlichen Geld oder einfach nur, niemals ehrliche Zahlungen für weniger Steuergeldern in deren großen Kompanien und sogenannten Fonds, wo so viele andere Handlanger von denen immer noch versteckt das Geld hinterm unterschlagen und nicht einmal nur 6 Prozent von Spenden ankommen zu denen die es wirklich nötig haben! Oh Ja! Immer nur Geld und Profit!

So wie wenn man den Tempel reinigen muss!

Oh ja immer und immer wieder! Und heute zu Tage sind es viel viel mehrer Tempel die es zu Reinigen gibt, wie es damals der Fall war! Warum? Oh Ja!

Weil immer noch nur Macht und Herrschaft und Gold und Geld besteht womit sie eines Tages ihre „NEW WORLD ORDER" erschaffen wollen!

Hmm! Netter Plan! Aber der Lebenskreislauf ist niemals eine Welt Ordnung!

Und ohne Liebe wird es keine Weltordnung geben, wir haben es alle in der Vergangenheit bei allen so grossen und mächtigen Reichen gesehen!

Wo sind diese denn heute zu Tage?

Ja nur die gute und ich liebe sie alle, die Archäologen fanden so viele von den alten vergangen Kreationen von diesen und einige andere Helfer, welche nicht von dieser Erde waren!

Weil ebenso Ihr habt ja auch einige andere Schöpfer Eurer Uhren und Armbanduhren niemals nur von einem einzigen! Aber die meisten sind niemals mit Liebe wie von einem Familien Unternehmen!

Immer nur egoistisch und auf Profit aus!

Und am Ende ist nur ein grosser Schöpfer! Warum? Ja!

Weil zu Beginn des Universum dieser Milchstrasse war nur Einer!

Und einige andere Schöpfer von anderen Galaxien so wie auch eure Nationen auf der Erde haben immer mehrer Nachbarn!

Die einen wie bei Euren Nationen auch bei Euch! Ja!

Diese wollen einfach immer nur grösser und mächtiger werden und andere sollen für diese wie Sklaven arbeiten für deren Profit und Macht!

Und viele von denen sind nicht so hübsch und intelligent wie Ihr so eine gute Schöpfung „HOMO SAPIENS" mit Eurer DNA!

Und wenn Ihr alle auf der Erde nicht bald Frieden schaffen werdet und Einheit wie eine große Familie alle zusammen mit den Tieren und sich kümmern um die Natur?

Vielleicht eines Tages, wenn Eure Familie Planet Erde immer noch getrennt von einander ist oder in Krieg und Hass? JA!

Eines Tages wird ein stärkerer kommen und wird Eure Familie und Eure Tiere und ebenfalls das Haus und den Garten gennant „PLANET EARTH" wegnehmen!

Und dann denke ich niemand wünscht sich das für Eure Frauen und Kinder, Ihr kennt das alles was sie mit so vielen Millionen gemacht hatten zu Kriegszeiten in der Vergangenheit mit Eurer eigenen Spezies! Sehr Traurig!

Und wenn Ihr immer noch Tötet und euch nicht um den Lebenskreislauf kümmert und gerade um alle Tiere, welche die Basis Eures Lebens und Schutz da sind wie zum Beispiel der WOLF HUND bei „GAMES OF THRONES", welcher immer den „LITTLE BOY" beschützt hatte vor anderen die keine Liebe in sich hatten, nur Geld und Macht!

Und dann wird Euer Vater sehr traurig sein und immer noch einfach nur Hoffen und Träumen, dass eines Tages seine Schöpfung auf der Erde dazu lernen wird und und von den vergangen schlechten Kriegen und anderen Fehlern!

Aber der Vater wird niemals Euch bestrafen oder töten oder zerstören!

Weil er immer noch und für immer jede einzelne Seele liebt und niemals Eure Fehler oder Sünden zählt!

Aber am Ende muss jeder einzelne den Schlüssel bekommen und nur mit wahrhaftiger und ehrlicher Liebe und sich entschuldigen und allen vergeben, einfach nur alleine zum Vater im Raum mit geschlossener Tür! Das wars! Aber immer wahrhaftig und ehrlich!

Und dann „YOU ARE NEVER ALONE"!

Weil dann seid Ihr alle verbunden mir eurer Seele oder Geist mit ihm und allen Anderen mit denen ihr auch in Liebe seid!

Und wenn wir dann ihn niemals mehr erkennen oder fühlen werden oder den „Heiligen Geist", weil wir niemals in wahrhaftiger Liebe waren!

Und dann werdet Ihr einfach nur nach dem Leben oder wenn Euer biologischer Körper tot ist, wird Eure Seele einfach nur auf der Erde hier wieder und wieder nach einem neuen Körper suchen! und dann bekommt man zu einer Zeit eine neue Chance!

Aber der menschliche Verstand wird sich niemals daran erinnern können nur das Unterbewusstsein oder die Seele! Oh Ja! Viele Fragen und Dinge!

Aber es ist einfach! Wahrhaftige und ehrliche Liebe!

Was wir sähen werden wir ernten und zu einer Zeit wenn wir dann in wahrhaftiger und ehrlicher Liebe sind, dann ist unsere Seele für immer mit dem Schöpfer verbunden!

Für immer in Liebe! Wie in eine Paradies, wie es manche nennen!

Oder auch wie in einer Hölle in unserer Seele und Bewusstsein auf der Erde! Euer Entscheidung!

Weil immer noch haben wir ja freien Willen, vielleicht eines Tages nicht mehr, wenn diese die menschliche DNA der „Homo Sapiens" verändern sollten!

LYA

Kapitel 6

Beim Schreiben höre ich immer Musik nebenbei! Vielleicht inspiriert diese mich und ebenfalls kann ich zum Rhythmus und dem Beat der Musik tippen!

Eigentlich mochte ich immer alle verschiedenartigen Musik Stile! Manchmal Classic, aber auch des öfteren in der Jugend hatte ich Hip Hop gehört und ebenso auch romantische Soul oder R´N`B!

Aber öfters höre ich auch Musik von „ELVIS PRESSLEY" oder „FRANKY BOY SINATRA" und viele viele andere!

Elektronische Musik wie Techno oder House Musik höre ich ebenfalls im Leben!

Meiner Meinung nach ist keine Musikart schlecht!

Weil jede Person oder Seele, welche etwas erschafft oder schreibt oder auch singt und Musik spielt, alle diese machen dies immer mit Liebe zur Musik!

Somit ist jede Musik gut und ich liebe alle verschiedenartigen Musikstile!

sehr interessanteste ist öfters in vielem Musik Texten und Liedern erzählen diese immer viele Botschaften!

Eines Tage, versuchte ich vor ein paar Monaten zurück, ebenfalls die Texte in englischer Version mir anzuhören, währen das Lied läuft!

Und dann, weil mein Englisch ist ja nicht sehr gut, hatte ich eigentlich viel mehr Botschaften und auch die Aussagen von so vielen Musik Liedern verstanden!

Viele Personen, so wie ich auch in der Vergangenheit, hören mehr den schönen Stimmen oder dem Rhythmus und Beat zu, anstatt den texten genau zu zuhören, welche ja oft auch in englischer und nicht unserer Muttersprache sind und wir diese ja nicht perfekt verstehen, was zu Anfangs ja immer schwer ist zu verstehen und alles was diese singen!

Somit hatte ich meistens immer nur den Refrain während des Liedes mit gesungen, weil dieser sich ja immer wieder holt und einfacher ist sich im Gehirn zu behalten!

Gerade höre ich das Album Thriller von Michael Jackson und auch von Prince! WOW! Ich liebe sie!

So viele verschiedene und hübsche und talentierte Musiker und Sänger und alle die mit ihnen mitarbeiten! Ich danke Euch allen so sehr!

In meinen Augen sind alle talentierten Menschen wie Engel!

Diese geben uns und singen und spielen so schön und verschiedenartige Musik und wir alle bekommen von diesen immer Botschaften um uns Menschen einfach zu helfen, so dass man nicht mehr blind ist!

Aber ich weiss, wenn wir jung sind hören wir ja meistens die Musik um zu entspannen oder zum Tanzen oder Party machen und nach anderen Mädels Ausschau zu halten, anstatt deren Text Botschaften zu verstehen!

Deutsche Musik mag ich auch sehr, da ich dies perfekt verstehe!

Wie „UDO JÜRGENS" ist so spannend und ebenso seine Texte sind sehr interessant und ebenso von vielen anderen auch auf dieser ganzen Welt!

Ich denke mir, wenn nur ein paar mehr Menschen verstehen würden, was alle diese Sänger singen, wäre die Welt 1000 Mal besser und friedlicher!

Weil immer noch „They dont really care about us" und der Song

„HEAL THE WORLD"

haben aktuell immer noch nicht die meisten die Botschaft verstanden, weil immer noch keine grosser Wandel in der Klimapolitik oder um das Kümmern der Menschen und speziell um so viele Kinder, welche sterben an zu wenig Nahrung und anderen Dingen! Sehr sehr traurig!

Die guten Neuigkeiten sind, welche ich gesehen hatte und auch fühlte, dass seit den letzen paar Jahren wirklich viele Aktionen und Organisationen zum Helfen der Tiere und der für den Klimawandel und Säubern der Ozeane und viele Dinge mehr sowie Hilfe für die Armeen Kindern geschaffen wurden! Sehr gut!

Aber immer nich zu wenige und die Herrscher unterstützen diese nicht mit strengen Gesetzen, weil diese alles noch im Gegensatz zu den grossen Firmen und deren Profit Denken steht!

Ich hoffe wirklich, dass bald viele die nicht mehr blind sein sollten, und vieles mehr und aufwachen, so dass, die Zeit ist wirklich knapp und nicht mehr lange, wenn kein drastischer Wandel geschehen sollte für das Helfen und Schutz der Natur von Planet Erde und dessen Tiere und ebenfalls die Kinder der Erde!

Ich verstehe nicht, dass so viele menschliche Personen aus der Masse nicht hinaus gehen und für menschliche Rechte und den armen Menschen in der Welt und speziell für die Natur???

Glauben wir wirklich wir könnten eines Tages die Natur reparieren oder das Klima oder das Wasser der Erde?

Hmm! Wirklich ich hatte dies niemals verstanden!

Sie nennen sich alle so intelligent und immer benötigen sie einen Beweis für das menschliche Auge!

Also es ist ja in Ordnung, wenn diese nicht an viele Dinge glauben, welche sie niemals sehen können!

Aber ich frage mich jetzt und ebenso in der Vergangenheit jedes Mal alle können doch mit ihren Augen die Natur und die Tiere sehen und ebenfalls den Klimawandel viel schneller als jemals zuvor im natürlichen Kreislauf!

Nun können diese allen mit ihren Augen so viele Katastrophen und schmelzende Eisgletscher in der Antarktis sehen, aber diese wollen es wohl nicht glauben oder sehen! Oh Ja! Ich hatte vergessen!

Für einige Nationen und grossen Firmen ist es ja besser, dass die Eisgletscher schmelzen! Warum? Oh Ja!

Dann können diese ebenfalls in die Antarktis fahren wir überall auf der Erde auch und ihre Ölplattformen und Gas Pipelines errichten und vieles mehr um noch mehr Profit zu schlagen! Oh ja! Das ist die Wahrheit!

Und dann eines Tages wollen diese einfach auf den Mars!

Unglaublich! Ihr habt Planet Erde, den besten und schönsten Planeten wie eine grosse Villa, aber immer noch nicht zufrieden!

Wenn Ihr Euch um Euren eigenem Planeten nicht kümmern könnt, glaubt Ihr wirklich Ihr könnt eines Tages einfach so auf den Mars, welcher ebenfalls vor sehr sehr langer zeit zerstört wurde!

Wenn Ihr wirklich intelligent seid benutzt endlich Eure Gehirn Zellen besser in der Realität, wie Ihr diese nennt und immer nur daran glaubt!

Und nicht eines Tages davon zu träumen auf den ars zu fliegen oder andere Planeten, die ihr dann wie die Erde auch zerstören könnt immer und immer wieder!

Manchmal wünschte ich mir wirklich, dass Eure Industrielle Revolution und viele andere Dinge, welche eigentlich ja gar nicht so schlecht sind, immer den Mittelweg sagte ich und alle zusammen auf der Erde in Frieden und sich um die Natur der Erde zu kümmern!

Wenn Euer Vater im Leben Euch eines Tages sein Haus und Garten vererbt?

Und Ihr würdet Euch nicht mehr um das Haus und den Garten kümmern und ebenfalls würdet Ihr die Tiere im Garten töten und die guten Bäume fällen?

Glaubt Ihr Euer biologischer Vater wäre jemals glücklich, nachdem er so hart gearbeitet hatte und mit so viel Liebe sich um den schönen Garten und Bäume und Blumen und Tiere bemühte?

Und Ihr kümmert Euch niemals darum und denkt einfach nur eines Tages das Haus zu verlassen und für Geld zu verkaufen? Hmm!

Einige Väter wussten dies bereits schon Jahre zuvor!

Weil vergesst niemals! Ein Vater und seine Mutter kennen immer ihre Kinder! Und diese wissen ebenfalls wie Ihr im Leben denkt und handelt!

Und vielleicht werden diese eines Tages bevor ich Euch niemals kümmert und es zu einer Zeit verkaufen wollt!

Und nun hört alle zu! Viele hatten dann einfach das Haus ihren geliebten Tieren wie einem Hund oder Katze ode Vogel vererbt! Und dann einer Tierschutz Organisation geschenkt, welche dien Tieren helfen, weil diesen Tiere hatten sie mehr als ihre eigenen Kinder geliebt!

Oh Ja dies passiert des öfteren! und dann ja!

Für Euch Kinder wie dann das Lied, welches ich gerade höre: „PURPLE RAIN"!

Und dann habt ihr alle kein Dach mehr über dem Kopf oder eigentlich kein Haus oder Garten mehr!

Und Ihr alle wisst dann! Die letzen werden die Ersten sein!

Denn der schöne und ehrliche geliebte Hund wird dann im großen Haus des Vaters leben und Ihr wie ein kleiner Hund dann im Garten in der Hundehütte! Oh Ja!

Es ist immer noch Eure freie Wahl und noch ist es nicht zu spät! immer wahrhaftig und ehrlicher Wille zählt!

Ich denke zu Beginn an wenn man Kinder hat ist es ebenfalls wichtig aus ein Haustier zu haben! Weil Kinder lernen dann zu Beginn an schon Verantwortung für ein anderes Leben zu übernehmen und ebenso aufzuräumen und in die Natur hinaus zu gehen zusammen!

Aber ich weiss! Die meisten Vermieter, fall man eine Mietwohnung anmieten möchte, sagen ja immer keine Tiere und auch keine Kinder! Oh Ja!

Diese denken dann, dass die Tiere dann ihr Haus kaputt machen könnten oder eigentlich besser gesagt Ihre Kapitalanlage, welche diese eh eines Tages nur mit Gewinn verkaufen und ja meistens nicht selbst mit drinnen wohnen nur aus Profit Gründen und sich niemals um deren Mieter gross kümmern!

Und Kinder und Tiere sind ja bekanntlich immer zu laut! Unglaublich!

Diese hatten wohl alle vergessen, dass sie selbst alle einmal Kinder waren und meistens selbst viel lauter als viele andere heute zu Tage!

Und viele Tiere zerstören niemals etwas mutwillig, wenn die Herrschen diese auch richtig erziehen und mit Liebe!

Aber wenn man natürlich nur ein Tier hat und man es 8 Stunden am Tag alleine zu Hause lässt während man arbeitet? Ist dies Normal? Ein Tier ist doch kein Spielzeug!

Ein Tier ist wie Euer Kind, ein Familienmitglied!

Ja es ist immer das gleiche! Geld und Profit! Diese kümmern sich wirklich nicht wahrhaftig um uns!

Und wir denken uns einfach immer wieder was können wir alleine tun, nichts wird passieren!

Besser ist es mehr Musik zu Hören!

Vielleicht bekommt Ihr ja dann Alle die Botschaften aller Musikengel!

Oder Ihr könnt ja auch einfach den Song Euch anhören:

„WALK LIKE AN EGYPTIAN"!

Und dann könnt Ihr ebenfalls denken wie die damaligen Pharaos, dass Ihr Euch eines Tages ein mumifizieren könnt in Eurem Grabmal mit allem Gold ausgestattet und Geld, was ihr in Eurem Leben zusammen gerafft habt!

So macht einfach weiter! Aber vergesst niemals!

Wenn der PURPLE RAIN kommt, werden Eure Grabmahle alle niemals sicher sein! Und ebenfalls werden dann viele Grabräuberei kommen! Und diese werden sich dann erfreuen!

Oh Entschuldigung, ich hatte vergessen! Manche denken wirklich sie können die menschliche DNA manipulieren zusammen mit einem Löwen wieder! Wie die gute alte „SPHYNX"! Viel Spass!

Aber konnte eigentlich die Sphynx oder andere damals alle die Grabräuber davon abhalten oder beschützen, dass das Grabgold und die Schätze nicht gestohlen werden von all den vergangenen Pharaos aus dessen Gräber?

Selbst von „TUT ANCH AMUN" hatten sie alles genommen!

So vielleicht kann man doch nicht alle Mitnahme nach dem Leben?! Aber ich weiss die Hoffnung stirbt ja bekanntlich zuletzt!

Aber dann bitte kommt nicht an und weint und sagt wir haben von alledem nichts gewusst!

Vielleicht im nächsten Leben dann, wenn Ihr den Schlüssel nicht bekommen werdet, werdet Ihr dann wie die Sklaven sein die die Pyramiden erbauten in der Vergangenheit!

Kein Schlüssel, Kein ewiges Leben!

Was wir säen werden wir bekommen und eines Tages werden wir alle es erfahren, wenn unser menschliches biologisches Herz den letzen Schlag macht was kommen wird!

Oh ich hatte vergessen! Einige denken ja auch die können ihren Körper einfrieren, wie bei dem Film „DEMOLITION MAN"! Schön! Aber ich frage mich dann immer! Vielleicht kann Euer Körper irgendwann zum Leben wieder erweckt werden? Keiner kennt die Zukunft!

Aber was ist dann mit Eurer Seele oder Geist?

Könnt ihr diese ebenfalls wieder auftauen? Oh ich hatte vergessen, Ihr denkt ja ihr könnt ebenfalls zu einer Zeit Seelen erschaffen, sorry hatte ich vergessen!

Ihr glaubt nur, was Ihr mit Euren menschlichen Augen seht und in manchen Filmen die Ihr Euch anseht! Oh Ja!

Und alle anderen Filme sind dann wohl einfach nur Science Fiction oder Fantasy!

Aber vergesst alle ebenfalls niemals die Filme immer bis zum Ende anzusehen!

Liebe wird immer und für immer gewinnen!

Und eventuell sind des öfteren in den Filmen immer ein „HAPPY ENDING"!

Oder auch ein Star oder Schauspieler wie unter anderem SYLVESTER oder ARNOLD, welcher immer dann die Menschheit wieder rettet!

Aber wenn eines Tages es nicht mehr der Fall sein sollte?

Wir wissen es nicht! Aber Ihr habt ja auch so viele ander Filme kreiert wie unter anderen so viele HORROR FILME und diese hatten niemals ein Happy End!

Und ich hatte dies niemals verstanden, weil ich liebte niemals Horror Filme! Zu keiner Zeit!

Viele lesen nun von Anfang an meine Story und denken sich wohl, wer ist denn dieser „CRAZY LITTLE BOY"! Richtig?

Das selbe hatte ich mich selbst immer gefragt! Wir wissen es nicht!

Aber es ist dich ganz interessant, was er so schreibt, ansonsten würdet Ihr ja nicht diesen Satz nun lesen!

Vielleicht am Ende des nächsten und letzen 7. Kapitels werde ich es Euch offenbaren, wer ich bin!

Ich sage nur eines! Ich bin einfach nur in meinem Verstand immer noch wie ein kleiner Junge, immer nur auf der Suche nach der wahren Liebe ist! Das wars!

Und ebenfalls möchte ich einfach allen Kindern und Jugendlichen nur eine Inspiration sein, so dass diese niemals so viele Fehler im Leben begehen wie ich es tat!

Weil immer nur alleine irgendwann ohne ehrliche Liebe oder einer Ehefrau und Kinder! Ja! Das ist sehr traurig und macht auch keinen Spass!

Und selbst ein Haustier haben ich auch nicht! Und ich sagte ein Haustier ist wie ein Familienmitglied oder ein Bruder!

Und wenn man über sich selbst keine Verantwortung hat, wie kann man dann über ein Haustier diese übernehmen!

Vielleicht lerne ich ja eines Tages noch Verantwortung!

Eines weiss ich ganz genau! Wenn ich eines Tages eine wahre Liebe finden sollte, dann kann ich mich innerhalb von einer zur anderen Sekunde ändern! Oh JA!

Viele von Euch in der Vergangenheit hatten dieses ebenfalls erlebt! Weil wenn man irgendwann seine wahre Liebe findet und das immer von beiden Seiten aus?

Und mit dieser Energie dann wird sich das ganze Leben verändern und dann wird man auch direkt das Verantwortungsbewusstsein für den anderen übernehmen können!

Und alles andere diese so vielen sogenannten Psychotherapien werden am Ende allen nicht helfen können, wenn unsere Seele nicht in wahrer Liebe jemals sein wird!

Ansonsten wird man immer und immer wider fallen!

Und alles andere ist nicht wichtig!

„NOTHING ELSE MATTERS"!

LYA

Kapitel 7

Und nun die grosse Frage! Oh mein Gott!

Was ist Love?

Dies ist nun wirklich nicht einfach! Weil mir unseren Augen können wir sie nicht sehen!

Ich Liebe das Lied: „I WANT TO KNOW WHAT LOVE IS"!

Ich möchte des öfteren mehr verrückte Musik und auch Filme, aber am Ende immer mit einem Happy End und niemals wie in den ganzen Horror Filmen wie zum Beispiel „THE WALKING DEAD" und viele mehr!

Weil am Ende des Lebens möchte ich ja auch einfach nur glücklich und zufrieden und in wahrer Liebe sein!

Ich erinnere mich an einen sehr schönen Film und ich denke viele kenne diesen auch:

„RENDEZVOUS MIT JÖRG BLACK"!

Ein sehr interessanter Film, welchen ich mir nur 1 Mal anschaute, aber des öfteren die Kurz Szenen wie auf „YOU TUBE" es viele gibt!

Meistens schaut man ja immer zuerst, wenn man einen Film schaut, die sexy und schönen Stars und Hollywood Schauspieler an! Die Botschaften oder Aussagen der Regisseure gehen oft unter beim ersten Mal!

Und meistens isst man ja auch immer Popcorn und Nachos während des Films oder man knutscht mit seiner Freundin oder Partner!

Aber in diesem Film geht es ja um Liebe und Leben nach dem Tod! Vor allem:

„DIE STEUER UND SER TOD SIND SICHER"!

Somit hatte ich mir dann die letzen Monate ein paar Kurzszenen aus dem Film wieder angeschaut!

Also was ist denn nun die Botschaft in diesem Film am Ende?

Alle grossen Firmen oder Selbständigen Unternehmer fürchten sich immer irgendwann vor eine Steuerprüfung und der Mensch am Ende auch immer vor dem Tod!

interessant diese beiden Vergleiche oder?

Nach dem Motto die Steuer kann man des öfteren hinterziehen oder man kann schummeln, aber beim Tod?

Irgendwann kommt immer beides dies ist so sicher wie das AMEN in der Kirche :)

Und am Ende bedeutet es meistens immer der materielle Tod für Alle!

Aber Liebe ist ja niemals materiell, also warum rennen wir immer andauernd hinter alle materiellen Dingen Im Leben nach oder Verhalten wir uns so ähnlich wie der falsche Freund der Tochter des Vaters im Film?

Er macht auf Liebe zu der so schönen und sexy und vor allem intelligenten Ärztin! Aber am Ende hatte er ja alle verraten, die ihm den kleinen Finger mit Vertrauen gegeben hatten und betrogen nur aus materieller Hinsicht her! Selbst seine Liebe hatte er verkauft!

Und wenn JOE BLACK nicht gekommen wäre?

Ja! Dann hätte nicht nur der Vater seien ganzen gutes und ehrliches Familienunternehmen eine grosse Zeitung mit Freier Reportage die er seit seines Lebens mit Herzblut aufgebaut hatte, so wie er seine Tochter mit

Liebe erzogen hatte, beide Töchter, aber niemals zu viel Zeit mit diesen verbringen konnte weil gross Business mache immer am Ende kommt etwas zu kurz!

Oder wenn man mit einem Kind mehr Zeit verbringt als mit dem anderen? Ja dann baut sich immer Spannung unter den Geschwistern auf!

Weil am Ende jedes Kind einfach immer nur nach Liebe sucht! Am Anfang immer die von Vater und Mutter und danach von einem Lebenspartner!

Life is Not Easy!

Dann is es also besser lieber nicht zu viel zu arbeiten und am Ende am Wochenende wie „THE WEEKEND" und ja, ich liebte das Wochenende immer 1000 Mal mehr wie immer nur unter der Woche Schule oder Arbeiten!

Und dann das Lied: „MAYBE YOU CAN SHOW ME HOW TO LOVE"?

Ja, ich wünschte mir immer bis heute, dass irgendwann eine Lady und nur eine wahrhaftige und ehrliche Liebe und Seele ich mal kennen lerne um für ewig in Liebe zu bleiben und immer von beiden Seiten aus mit freiem Willen und nicht so oft so einseitig!

Wenn man wie ich, seinen Cosuin als ich 19 war beerdigt hatte und danach seinen Großvater und Tante und ebenfalls seinen kleinen Bruder? Und dann seinen Vater und seien Großmutter?

Wie soll man das alles denn nur in diesem Leben als Mensch im Herzen, alle diese so schmerzhaften Verluste verkraften und vor allem wenn man keinen hat oder keine wahre Liebe mit der man darüber reden kann und auch zusammen leiden kann!

Geteiltes Leid ist halbes Leid! Geteilte Freude oder Liebe ist doppelte!

Und wenn man dann noch nur so viele angeblichen besten Freunde um einen herum hat, die genau die Vergangenheit wissen?

Jeder muss sich erst einmal in die Lage des anderen versetzen und den „SCHUH DES MANNITOU", den Schuh des anderen anziehen!

Ohne wahre Liebe oder Familie und vor allem wahre sogenannten besten Freunde, die wir alle wie das Brot und Wasser zum Leben benötigen, und nicht nur wenn wir Geld in der Tasche haben und Steak und Champagner abends essen oder die nur auf materielles aus sind und immer nur auf Frauenjagd?

Es ist in Ordnung, ich war sogar schlimmer wie diese zuvor! Aber ich war niemals in einer Beziehung oder verheiratet! Immer Solo und Single!

Und ich denke wenn man solo ist ist es in Ordnung, man kann jagen gehen es liegt ja auch in unserer Natur!!

Aber wenn man immer nur egoistisch und an sich selbst denkt und dann abends egal ob man Nichtsnutz eine, sondern mehrere Beziehungen führt, immer nur Alibi quasi des Sex wegen und immer nur herum lügt, dass man so viel arbeiten muss und dann nur 1 Mal die Woche Zeit für eine Frau hat? Aha!

Und das traurige ist leider, das viele Frauen um einfach nicht wieder alleine zu seien auch noch auf das Geschwätz oder besser dreisten Lügen herein Fallen und blind vertrauen, weil diese so gute Herzen und Seelen haben und trotzdem, nachdem auch sie in Vergangenheit gefallen sind von der Liebe und Herzschmerz hatten, aber trotzdem nicht aufgegeben hatten an wahre Liebe zu glauben und hoffen!

Und wenn man dann auch nich am Ende über 10 menschliche Jahre seine angeblichen Besten Freunde auch noch schützt, obwohl diese Frauen einem ebenfalls eingeladen hatten und Brot und Wasser und Wein gaben wir zu einem Bruder?

Und somit macht jeder sich mitschuldig! Weil Beziehung und Familie und gerade in Freundschaft alles ist mit unseren Seelen verbunden!

Und wenn am Tisch einer sitzt oder eine Seele oder Frau, wo man genau weis diese war immer korrekt zu einem wie eine Schwester und die eigenen besten Freunde veraschen und belügen diese und nicht nur einmal oder zweimal! Über Jahre hinweg und so dreist!

Irgendwann muss man sich einfach nur noch betäuben mit Alkohol und vielem mehr um das zu ertragen in der Seele, weil man will ja auch nicht am Ende immer nur alleine heraus gehen oder wo sitzen!

Aber ja! Am Ende ist es immer war!

Zeige mir Deine Freunde und ich sage Dir wer Du Bist!

Und irgendwann schämt man dann sich noch den anderen die belogen und verascht werden ins Augen zu sehen oder geschweige denn zusammen am Tisch zu sitzen, vor allem wenn dann immer die Alibi besten Brüder Freunde davor sagen, hey wir waren gestern nicht weg oder ähnliches! Alles immer noch mit Lügen und sich ebenfalls spirituell, ja alle wir, sich schuldig machen!

ich hoffe für jeden Menschen oder Seele, dass Ihr alle nicht so lange blind wart oder jemals sein werdet wie ich es war, weil dass kann keiner oder keine Seele oder Herz was nur ein wenig an wahre Liebe glaubt, aushalten!

Man kann ja alles machen oder 1000 Frauen haben ist in Ordnung, solange man nicht in einer Beziehung oder Ehe ist! Weil immer Vertrauen und Ehrlichkeit zählt!

Naja! Vielleicht sehe ich es ja falsch! Aber Ich bin immer für Ehrlichkeit und Aufrichtigkeit! Und ja! Keiner ist Perfekt niemals! Aber immer und immer wieder die gleichen Fehler begehen und dann wenn man etwas sagt ein paar mal das man es nicht korrekt findet oder einfach nur wie Jesus von Liebe predigt und Ehrlichkeit?

Ja! Dann wird man am Ende noch sogar von seinen eigenen langjährigen sogenannten besten Freunden, für die man alle seine Zeit und auch Hilfe und sogar ja, Geld kommt und geht ob einer mal mehr bezahlt oder weniger ist nicht Interessant! Aber am Ende wird man dann noch von seinen eigenen besten Freunden quasi wie ans Kreuz genagelt und schlecht und herunter gemacht und diese zählen einem alle Fehler oder schlechte Angewohnheiten auf, obwohl diese früher alle 1000 Mal schlechter waren oder sogar mehr Fehler begangen? Aha!

Zum Glück bin ich endlich nach so langer Zeit als Mensch aufgewacht und habe alle verlassen!

Weil lieber am Ende nur der Habicht der jeden Tag auf meinem Gartenhaus sitzt und mir zu zwitschert als immer noch diese falschen Freunde, die immer nur neidisch waren und von mir am Ende profitieren wollten und von allen anderen und leider immer noch in ihrer Umgebung!

Und nachdem man, wenn man sogar gutmütig ist und sich 2 Mal entschuldigt diese dann immer noch denken man ist verrückt oder im Unrecht? Aha!

Schauen wir alle eine Zeit wer im Unrecht war oder ist oder einfach nur wer am Ende in wahrer Liebe für immer existieren wird!

Weil keiner wünscht sich am Ende eine Mann wie der miese und geldgierige Verräter im Film bei Jörn Black!

Viel Spass meine ehemaligen besten Freunde!

Ich kenne Euch nicht mehr!

Ich vergebe Euch, aber ich werde Euch auch nicht mehr mit meiner Liebe und Seele und meiner spirituellen Kraft beschützen!

Passt immer auf meine vor allem Jugendliche Generation!

Man erkennt niemals immer von Anfang an wessen Seele oder Herz ehrlich oder wahrhaftig ist! Das gehört leider im Leben dazu! Aber irgendwann muss jeder wenn man merkt oder fühlt, dass es mehr einseitig ist dann versuchen den Absprung zu schaffen bevor man auf dem Schiffe mit untergeht!

Und dann geht es einem wieder 1000 Mal besser, selbst alleine, weil man im Garten dann die schöne Natur und Vögel und Tiere hat, welche selbst wenn man alleine ist ohne Freunde einem wieder Kraft und Hoffnung geben!

Und irgendwann oh ja! Dann holt man sich wirklich lieber das nächstes Mal ein Haustier oder ich mir eventuell bald eine „ENGLISCHE BULLDOGGE" :)

Weil ein Hund der ja in einigen altertümlichen Glaubensrichtungen als der Herrscher der Unterwelt zählt ist am Ende 1000 Mal ehrlicher und hat mehr Liebe als meine ehemaligen menschlichen sogenannten intelligenten und Möchtegern Fitness Studio starken Freunde, die immer noch nicht nur ihre Frauen weiterhin belügen und betrügen, sondern vor allem sich selbst!

144

Viel Spass Jungs! Hahahaha! In der Unterwelt!

Weil Ihr werdet niemals sein wie JOE BLACK!!!

Viele Grüße!

Euer „HELLBOY" :)

Und vergesst alle bitte Niemals:

„WAHRE LIEBE IST IMMER VERRÜCKT"!

Und am Ende:

„NO PROBLEMO"

Weil jeder mag „ALF" :)

LOVE YOU ALL

LYA